口コミ集客で「一生愛される起業家」になる方法

川越 恵 著

セルバ出版

はじめに

「君に起業なんて無理だよ」「もって1年。どれだけ頑張っても3年だから、やめときな」

起業すると決めたとき、言われた一言です。

当時、不安や恐怖を感じながらも決めた起業ですから、とにかく悔しい想いで一杯でした。もしかしたら、あなたも、そんな風に言われたり、「自分には難しい」と感じたりしているかも知れませんね。

起業は、立ち上げること自体は、決して難しいものではありません。起業の具体的な手続は様々な書籍で紹介されていますし、起業ノウハウ本もたくさんあります。

日々様々な起業の相談をいただく中で、いつも驚かされるのは、「起業は、センスや才能のある一部の人しか成功できない」と思い込んでいる人が非常に多いということです。

確かに、起業すると、決まった金額が毎月必ず振り込まれるということはありません。「お金を生み出す」ことが求められます。お金を生み出すというと、難しいことのように聞こえるかも知れませんが、成功している起業家は、皆一様に類まれなセンスや才能、経験・実績を持っている人ばかりかというと、決してそんなことはありません。

では、どうすれば、「類まれな何か」がなかったとしても、起業して、短期的にも成果を出しながら、持続性のある成果を出すことができるのかというと、そこにはある法則があります。

コンサルティングやセミナーをさせていただく現場では、「そんな法則があったなんて…」「今まで聞いたこともありませんでした」と言われることは少なくありません。起業で思ったような成果が出ないとき、その原因が「法則を知らなかっただけ」というケースは、決して少なくないのです。

情報が溢れている分、何が自分にとって必要な情報なのか、わかりにくいのが現代です。

そこで、起業初心者が短期的に成果を出し、そして、一生愛される起業をするにはどうしたらいいのかという情報を厳選してお伝えしたいと思い、本書を書くことを決めました。

「類まれな何か」を持っていなくても、一生愛される起業家になるためには、口コミを盛り込んだ起業戦略が不可欠です。

本書では、口コミ集客の具体的方法はもちろん、口コミされる質の高い商品・サービスのつくり方、どのようにしてその商品を購入していただくのか、また集客量を倍増させる秘策もまとめています。

第1章では、最速で「最初の顧客」を獲得する方法を、第2・3章では、起業前後にすべきアクション、起業のよくある勘違いと起業の実態を、第4章では、お客様に選ばれるセールスの方法を、そして、第5・6章を通して口コミとWEB集客の具体的方法を、第7章では、持続可能な起業の手順を書いています。

起業初心者が、最短で事業を軌道に乗せ、一生愛される起業家になるために、ご自身の起業の段階・ステージに応じて、本書の内容を役立てていただけたら幸いです。

2018年10月

川越　恵

口コミ集客で「一生愛される起業家」になる方法　目次

第2章　起業を成功させるための事前準備と起業後のアクション

第3章　間違いだらけの起業の常識・非常識

第4章　お客様から選ばれるセールス

第5章 お客様が喜んで口コミをしてくれる秘訣

第6章　リアルとWEBを使った集客の仕組み

第7章　一発屋で終わらない！　一生愛される起業家になるために

第1章　一生愛される起業　基本の「き」

1　一生愛される起業に必要なもの

メリットだけでは選ばれない時代に

　これまでのビジネスは、お客様へのメリットが多いものほど選ばれてきました。お客様にとって利益のある商品・サービスが求められること、それ自体は、今後も変わりません。

　しかし、息の長い起業をするには、この「利益の量」をベースにしたお客様とのつながり方では成り立たない時代に突入しています。

　Facebook や Instagram、YouTube など、短期間に、爆発的に普及したサービスに共通するのは、人とのリアルな結びつきがあることです。

　これまで、発信といえば芸能人など一部の限られた人がするもので、発信する側と、それを見る側とにハッキリ二分されていました。それが、誰もが SNS などを通じて気軽にリアルタイムで発信できる時代になり、これまで以上にお客様とつながりが持てるようになりました。

　ビジネスにおいて、過去に何度も「人とのつながりの深さ」の重要性は説かれてきましたが、それがこれまでにない速度でその重要性を増しています。

　その結果、商品を選ぶときの基準として、その商品がもたらすメリット・デメリットや効果・効能といったもの以上に、心の結びつきの強さが特に重要視される時代になりました。

これからの時代を生き残るには、お客様との温度感のある、感情的なつながりが不可欠です。この強い心の結びつきを持つことが、一生愛される起業において最も不可欠な要素になります。

どうすればお客様との心の結びつきのある起業ができるのか

これには、あなたというリアルな「ヒト」をお客様に体感してもらうことと、お客様に求められていることの絶妙なバランスが不可欠です。

どんなものなのか、よくわからないものや人に対しては、誰しも警戒するものですし、まして愛情を抱くということはありません。

ですから、あなたがどんな経験を経て、どんな考え・価値観で生き、何のために・何を目指して仕事をしているのか、どんな日常を送っているのか、といった等身大のあなたをお客様に知ってもらうことが、前者の「ヒト」の体感には不可欠な要素です。

ここで1つだけ注意が必要なのは、お客様にあなたのアイデンティティーを知ってもらうことで「愛される」という部分は実現できても、一生愛される「起業」として成り立つとは限らないということです。

つまり、前者だけでは、ひとりよがりな、お客様から求められないものをビジネスにしてしまう可能性があります。等身大のあなたというヒトの体感に加えて、ビジネスの大前提である「お客様のお困り事を解決する」ということを、真摯に、徹底して実践することを同時にして、初めて「一生愛される＋起業」になります。

この2つは、自転車の両輪のような存在で、どちらかだけでは決して成り立ちません。

●まとめ：一生愛される起業には、あなたというリアルな「ヒト」をお客様に体感してもらうこと、そして、お客様に求められていることの絶妙なバランスが不可欠。

2 「ちゃんとやる」が大敵

商品を選ぶ価値観が変わってきている

一生愛される起業の大敵は、「ちゃんとやろう」とし過ぎることです。

一昔前までは、商品・サービスで、お客様の何が、どれだけ解決できるのかという、商品コンテンツの強さ、つまり問題解決力の高さが、商品を選ぶかどうかを決める主な要素でした。商品クォリティを高めること自体は、すべてのビジネスにおいて一生の命題ですから、これはもちろん大切なことです。

しかし、昨今のお客様は、商品・サービスを購入するのに、単純な性能の比較のみでは行わず、商品・サービスの何たるかを発信している人が誰なのかをよく見ています。中には、「商品が何か」はほとんど見ないで、人だけを見ている、そんなお客様もいるように感じます。

実際、現代の商品は、他との違いがわかりにくいものばかりです。多くの起業家が、他との差別化を図っては、お客様には違いのよくわからない、マニアック過ぎる差別化を実施してしまっています。

商品自体の差別化を図ることは大切ですし、その方法は本書でも触れていますが、これだけ商品が多く、情報の溢れた現代では、単純な性能の差以上に、あなたという人がどんな価値観を持って生きていて、ビジネスをしているのか、どんな経緯や苦労を経て今に至るのかという１人の人生ストーリーにお客様は共感します。

その時代において、一番の敵は、お客様にあなたの人間らしさが伝わらないことです。

お客様から、世の中から愛される起業の大敵とは

完成されたものをつくるプロと、それを買う消費者、これが従来のビジネスの図式でした。

しかし、お客様の商品を選ぶ価値観が変わってきた現代では、完璧にやろうとするものほど、逆にリアルでなく、面白さがありません。

今は、誰もがリアルタイムの「今の自分」を情報発信でき、これが重要な差別化になっています。きちんとやろうとし過ぎて、その人の個性が見えないというのが、一生愛される起業において最も致命的なことです。

●まとめ：「ちゃんとやる」ほど、あなたの顔は見えない。完璧を手放し、等身大の自分をさらけ出す。

【図表1　中小企業の経営課題】

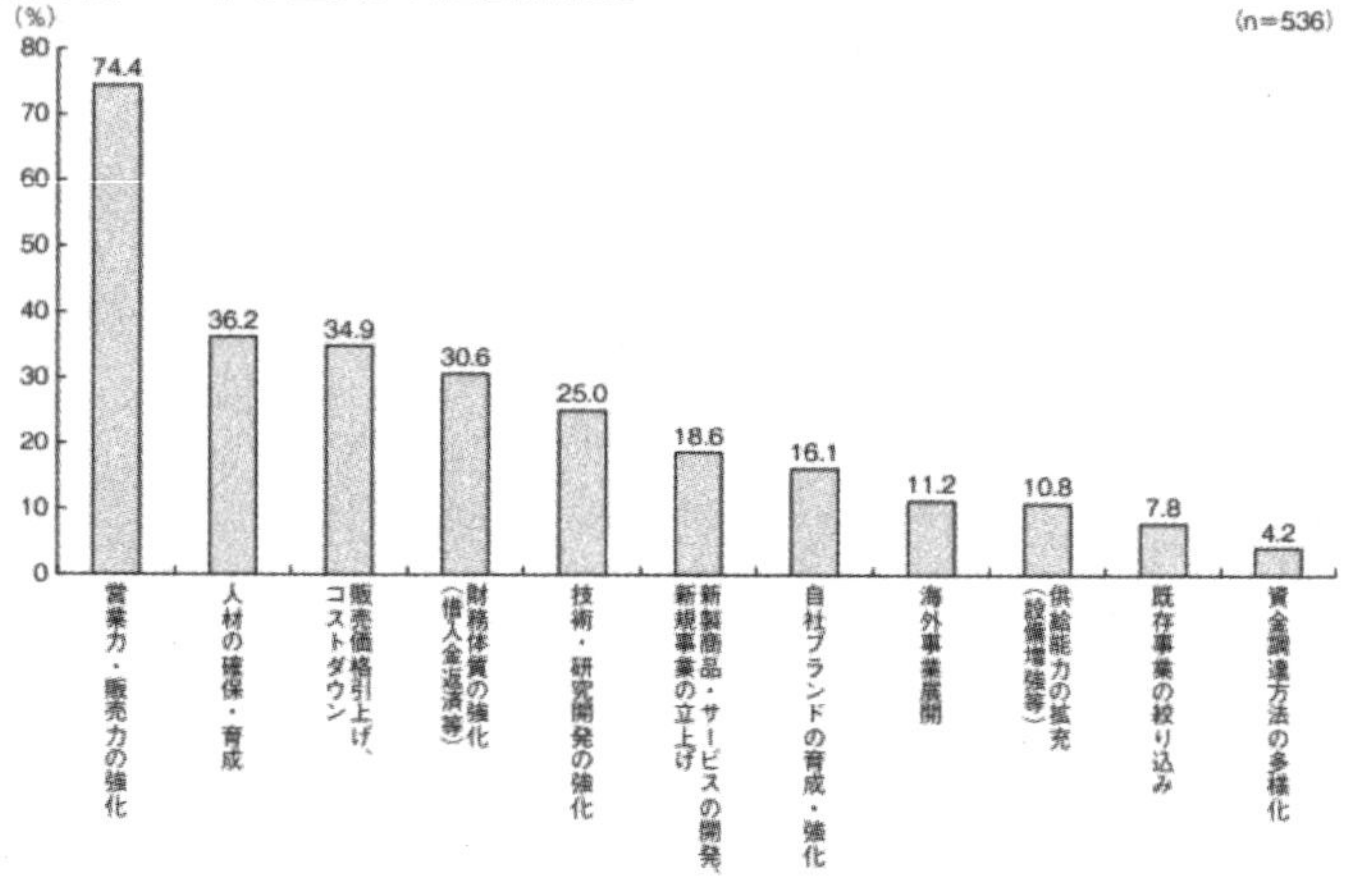

出所：中小企業庁「2012年版　中小企業白書」
http://www.chusho.meti.go.jp/pamflet/hakusyo/H24/H24/html/k321000.html

3　なぜ今、口コミ集客なのか

起業をビジネス的に成功させる最大の課題

起業をビジネス的に成功させるためには、何が課題になるでしょうか。起業最大の課題は、「営業力・販売力」が確保できるかどうかにかかっています。これは、起業初期最大の課題は、販売力の確保、つまりいかに集客するかが課題であることと意味しています（図表1参照）。

この集客の課題をクリアすることが、起業初期を乗り切れるかの最初の関門です。同時に、持続可能な起業をするためにも、安定的な集客の仕組みが構築できるかどうかは強く影響します。

数年前までは、ブログの更新やFacebook投稿、チラシの配布など、「これをやれば集客ができていた方法」が、最近は効かなくなってきました。

これには様々な背景がありますが、最もシンプルな理由は、年々競合相手がレベルアップしていることがあげられます。

利益に対してあまり関心がない人には、ピンときにくいかも知れませんが、企業の目的は利益の最大化にあります（正確にはこれは目標ですが）。そして、その目的を達成するためには、通常、前年より今年、今年より来年、より多くの集客を必要としますから、競合相手は利益を最大化させるために、年々レベルアップし続けていきます。

年々競合相手が集客力をレベルアップさせていく中で、自社が過去と同じことをしていては、年々集客効果が落ちていくことはごく自然なことです。

文章や動画などの表現力は、磨けばどんどん磨けますし、どの事業者も集客力を高めていきます。するとどうなるかというと、お客様はどの事業者もよさそうに見えて、逆に選ぶのが困難になります。あなたも同じような体験をしたことがあるかも知れませんね。

集客は原点回帰の時代へ

どの事業者にしようか迷ったとき、最終的にお客様が一番安心して購入できるのは「身近な人からオススメされたもの」、つまり口コミです。

ここ数年、口コミ以上にコピーライティングや動画マーケティングといった「魅せ方」に非常に重きが置かれていますが（実際、非常に大切です）、順番が逆です。

口コミをお客様との距離感が最も近い集客方法とすると、コピーライティングや動画マーケティングは、その対極にある方法です。

つまり、お客様との関係性の遠い集客方法ということになります。

口コミが起こらない状態でそれらを活用しても、お客様との関係は長続きしません。

根っこにお客様との強い絆があり、商品・サービスに満足していただき、口コミが起こります。その土台のある人が、コピーライティングやマーケティングを活用するから、それらを使って集めたお客様とも長いお付合いができるのです。

お客様と長いお付合いができない状態で爆発的に集客できても、それは一過性の売上しかつくってくれません。

●まとめ：魅せ方でお客様を集めるのではなく、信頼のある口コミにお客様は集まる。

4 「初めてのお客様」は運命のお客様

誰をお客様にするかにこだわる

一生愛される起業のために、最もこだわる必要のあることは、誰を起業初期のお客様にするのかです。それによって、それ以降の集客やセールスの難しさはもちろん、あなた自身の起業がスムーズに起ち上がるかが大きく変わってきます。

起業初期のお客様は、高い確率であなたの応援者になってくれます。

何事も、「スタート時」に最もエネルギーが必要で、起業初期ならではの「起上げにかける熱量」は、やはり軌道に乗ってからの情熱とは異なる、独特のエネルギーが乗っています。

起業初期のお客様ほど、その熱量に惹かれて購入・契約していただけます。

逆に、軌道に乗ってからは、熱量だけではない部分、例えば実績や経験などを理由に購入・契約になるお客様は増えていきます。

起業初期は、使えるお金や持っている情報、人手や時間、すべてが不足していますから、最短で軌道に乗せるためにやるべきことは、接点を持ったお客様を魅了することです。そのために、「熱量を伝染させること」です。

人は、論理ではなかなか動きませんが、感情を強く揺さぶられたら動かずにいられなくなります。ですから、熱量のある口コミを起こすことができれば、それ以降軌道に乗せるまでの難易度が段違いになります。

質の高いサービスを提供することに一点集中する、それに満足いただいたお客様から、口コミ・紹介をベースに、「信頼」でお客様を集客する、これらの基本を疎かにしている人は少なくありません。

このステップを飛ばしてＷＥＢで集客しようとしても、上手くいきません。最初は勢いで何とか集客できても、どこかで無理が出てきます。

集客において、「起業初期は起業家のパッション、中長期はブランドや経験・実績」に惹かれて、お客様は集まる傾向にあります。せっかく集まったお客様に、起業初期の時点で質の高いサービス提供を怠ると、遠くない内にツケが回って苦しい思いをします。

ですから、まずは、お客様の「期待を超える」ことを目指して、サービスを提供しましょう。期待以上のサービスを受けたとき、お客様から凄まじい熱量の口コミをしていただけます。

こう書くと、「期待以上のサービスなんて…」「とてもご満足いただける自信がありません」と思われるかも知れませんが、大丈夫ですよ。

起業して早々に、お客様の期待を超えるサービスが提供できることは、滅多にありません。また、起業初期の起業家との契約を検討してくれるお客様ほど、そこまでのものを求めてはいないことがほとんどです。

このようなお客様が見ているのは、起業家の姿勢です。高い基準を目指してつくってくれているのか、丁寧に納品・フォローしてくれるのか。そして、これからも長く付き合っていきたい人物なのかです。

ですから、実際にできるかどうかではなく、まずは期待以上の商品・サービスを提供することを目指してください。目指さないと、それは現実になりませんし、その高みを目指す姿勢をお客様も見ています。

●まとめ：起業初期には、お客様の期待を越える、とことん質の高いサービス提供を目指す。

5　ヒト、モノ、カネ、実績、情報すべて0でも契約をもらうには

契約が決まる瞬間

よくいただくお悩みの1つが、「契約は欲しいんです。でも、まだ経験が浅いから…」という一言です。やってみるとわかるのですが、実績・経験があれば契約いただけるのかというと、そんなことはありません。

あくまで、実績・経験は、「あれば、より有利に運べる」ものであって、それがあれば契約いただけるものではありません。

実績や経験は、あるのに越したことはありませんが、お客様の関心は、他の場所にあります。それは、「自分の悩みは解消されるのか？」、そして「その解決をこの人に託したいのか？」ということです。

豊富な人脈・資源やお金があり、どれだけ素晴らしい実績・経験があっても、自分の悩みが解消されるかわからないものや、解決するとしても「この人には任せたくない」と思っている人に、お客様はお金を使いません。

契約が決まる瞬間は、「自分の悩みは、これで解消できる」と確信してもらえたとき、あるいは「自分の悩みは、あなたとなら解消できる」と確信してもらえたときのどちらかです。

では、どうしたらそう思っていただけるのかというと、詳しいセールスの手順は第4章でご紹介

しますが、まずは売り手であるあなた自身が、「この商品、高いなあ」「この商品で本当に解決できるのか、自信がないなぁ」と思ってはいないかを、まっすぐ見つめてみてください。

お客様には伝わってしまう

お客様は、商品・サービスの詳しいスペックや細かい性能についてほとんどご存知ありません。ですが、売り手の放っている非言語メッセージは、敏感に感じ取ります。

セールスでは、「自信のない人から買いたい人はいない」とよく言われますが、お客様は、あなたが「この商品で自分の悩みを解決できると確信しているのか？」を無意識に見ています。

力強い確信は、人に伝染します。だから、トップセールスマンと呼ばれる人たちは、エネルギッシュな方も、言葉の少ない方も、静かな確信度でみなぎっています。

●まとめ：お客様が見ているのは、実績や経験などのリソースではなく、あなたの確信度。

6　商品・サービスに圧倒的自信を持つ方法

起業初期のお客様にはたっぷり時間と労力をかけよう

「いきなり確信なんて持てないよ」と思われた方もいるかも知れませんが、最初から商品・サービスに確信を持っている人はいません。時々生まれつき自信にみなぎっている方にお会いすることもありますが、それは非常に稀なことです。

まずは、「お客様のお悩みが解消されるまでサポートする」と決めて販売することから始めましょう。

起業初期のお客様には、時間や労力を必要十分以上に、たっぷりかけてください。

最初は、１つひとつが手探りです。何をやったらどれだけの結果が出せるのかは未知数ですし、試行錯誤の連続です。

起業初期に提供した商品・サービスというのは、納品であり、同時に商品開発でもあります。例え商品の値段がついているのが特定の「モノ」だとしても、お客様はその「モノの是非」だけを見ているわけではありません。

商品の有形・無形（形のある商品かどうか）にかかわらず、契約以降にどんな流れで、どんな説明を受けて、どのように納品されて、フォローされるのか。その一連の流れすべてを含めて「商品・サービス」なのです。

そう捉えると、起業初期のお客様への商品・サービス提供というのは、納品であり商品開発であるという意味も伝わるかと思います。

起業して時間が経つと、だんだんと業務が増えていきます。それだけに、１つの商品・サービスにたくさんの時間や労力をかけて開発できるのは、起業初期の特権です。大いに悩みましょう。

起業初期のお客様というのは、あらゆることが手探りの段階からかかわってくださるのですから、お悩みが解消されるまで全力でサポートしましょう。

ビックリするかもしれませんが、そう決めて販売するだけで、その強い確信がお客様にも伝わって、実績や経験の有無にかかわらず、売れることはよくあります。

コミットメントの持つ威力

責任を持って約束することを「コミットメント」と言いますが、強力なコミットメントは、実績や経験、人脈の有無以上に、人の胸を打つものです。

時々、起業初期のあらゆるリソースがない中でも、それを物ともせず、次から次へと契約をいただく人がいますが、彼ら彼女らは、共通してこのコミットメントがとても強いのです。

ちなみに、納品のゴールを「お悩みが解消するまで」というところに決めているので、非常に高いクォリティの商品に仕上がりやすく、結果として短期間でご満足いただけることも少なくありません。

●まとめ：強いコミットメントがお客様の心を動かし、契約の意思決定を促す。

7　自分自身を正しく知ること

一生愛される起業に大切な2つの要素

一生愛される起業の実現には、「あなたの人間ストーリーの発信×真摯なビジネスの実践」が欠かせません。

前者の「人間ストーリーの発信」においては、自分がどう感じたのかという主観的感覚や意見をしっかり認識して、それを発信していくことが求められます。

「当たり障りない意見」や「事なかれ主義的な発言」をするほど、お客様は面白みを感じず、関心を持たれません。

一方、後者の「真摯なビジネスの実践」においては、お客様がどう感じるのか、何に困っているのか、何を欲しているのかというお客様の感覚や視点を持ち、これに寄り添うことが求められます。それは、商品のつくり方から、集客の方法、セールスの手順など、起業における様々なシーンにおいて、一貫した姿勢が必要です。

この、異なる2つのものを絶妙なバランスで融合することが、一生愛される起業につながります。

そして、前者の実現のためには、あなたが、自分自身のことをよく知るということが不可欠です。

目指すのは、１度の目標達成ではなく、理想とする「状態」をつくること

一生愛される起業とは、文字どおり「成功したからよし」ということではありません。「愛され、起業して成功もしている」という「状態が継続すること」を指しています。

そのためには、自分のことを、自分がどれだけ知っているかが大切です。ここを疎かにしておくと、どこかでエネルギーが切れたり、違和感が強くなったりして、走り続けることが非常に困難になります。

●まとめ：一生愛される起業には、人間性を知ってもらうことが不可欠。特に、感情が動くときに価値観や人柄が出るので、感情に動きがあるときほど発信をする。

8　お客様に求められる商品のつくり方

お客様目線が不可欠

一方で、お客様に求められる商品をつくるには、徹底したお客様目線が欠かせません。

逆説的ですが、お客様に求められない商品、つまりお客様目線のない商品は、どうしたらつくれるでしょうか。

それは、お客様へのヒアリングをせずに、「こんな商品があったら、お客様は喜ぶだろう」と想像だけで商品をつくるということです。リアルなお客様の悩みを知らない状態で、売り手がお客様の想像をしている限り、売れる商品・サービスは生まれません。

もし売れたとしても、残念ながら一発屋になる可能性が高いです。

実際に、ある特定の商品だけが爆発的に売れて、その他の商品が全然売れない企業があります。

お客様が「その商品を欲しがる本質」がわからないと、商品を増やしても売れません。

ですから、お客様のお困りごとを解消する方法を、そのまま商品にしてそのお客様に提案しましょう。そうすることで、確実に求められる商品がつくれます。

「当然でしょ」と思ったかも知れませんが、これができていないことが非常に多いのです。

お客様に喜ばれる優れた商品をつくるには、お客様のお悩みを正確に知ることが不可欠です。

もし、お客様へのヒアリングをベースに商品づくりをしたのに、商品がお客様に求められない場合は、アレンジを加えていないかを見直してみましょう。

アレンジを加えた商品とは

ほとんどの場合、売り手はアレンジを加え過ぎていることに気づいていません。

例えば、ダイエット関係での起業を予定しており、見込み客へヒアリングした際、「お腹だけ出てるんです。でも、ハードな運動はしんどくて…。お腹だけ痩せたいんですけど」という声が多かったとします。その結果、その方々向けに「ダイエット商品」をつくったとしても、売れにくいということです。

なぜかというと、お客様はダイエットがしたいわけではないからです。

お客様が求めている商品とは

「お腹だけ痩せる、運動いらずのお腹だけダイエット法」、これがお客様の求めているものをそのまま商品にした形です。同じようにヒアリングをしてつくった商品でも、お客様のヒアリング結果をチャンクアップ（抽象化）したり、チャンクダウン（具体化）したりすると、求められない商品になりやすいので注意が必要です。

商品づくりの基本は、お客様が求めているものを勝手に変えないことです。

ちなみに、商品名を考える際も同様で、商品内容が「お腹だけ痩せる、運動いらずのお腹だけダイエット法」だとしても、商品名が「60日で痩せるダイエット」だと、やはり求められにくいということになります。

これは、お客様が求めている商品名になっていないからですね。商品内容自体は、求められているものをつくったのに、それが伝わらない名前になっているという、非常にもったいないケースです。

これは、商品名を変えるだけで売れる商品に生まれ変わる可能性があるということでもあります。

●まとめ：お客様が求めるものをつくり替えてはいけない。ヒアリング結果をそのまま商品化する。

9　集客の第1歩は「お客様の頭の中を大解剖する」こと

お客様のことを正確に知る

集客をする際、まずやることは、「どの集客ツールを使うか？」ではありません。

集客となると、「チラシをつくるべきか」「ブログも始めたほうがいいかな」「HPもつくろうかな」

といったようにツール選びで悩む方が多いのですが、これを考える前に、まずやるべきことがあります。

それは、お客様のことを正確に知るということです。

例えば、「お客様は何に困っているのか？」「具体的にどのような悩みを持っているのか？」「そのお悩みを解決したいとき、どのような行動をとるのか？」といったことです。

これらを踏まえることで、初めて適切な集客ツールが導き出せます。より正確には、「適切でない集客ツールが浮き彫りになる」ということです。

起業において、「やったほうがいいこと」は数えたらきりがありません。集客に関することなら、例えばＨＰ制作やＳＮＳ投稿、ブログの更新、メールマガジンの発行、チラシづくり、広告の出稿などがありますが、それらを全部やるのは現実的ではありません。

とはいえ、どのツールが最適なのかわからない状況では、どうしても、「あれもこれも」となってしまうのは無理もないことです。

お客様のことを正確に知って初めてお客様に喜ばれる文章が書ける

集客するとなったとき、欠かせないものの1つは、「文章」です。チラシでもブログでも文章が必要になります。

口コミを起こす場合も、口コミが起こるのを待っていては完全に「待ち」になります。

口コミは、「自社・自店のことをどのように紹介して欲しいのか？」、またそもそも「口コミして欲しい」ということをお客様に知っていただかないと、なかなか起こりません。ここでも、「ぜひこのようにご紹介ください」という文章が必要になります。

書く内容はお客様の悩み・欲求に関連しているか

文章を考える際、お客様のお困り事やお悩みといった情報を知らないと、何を書けばよいのか文章が浮かびません。お客様のことを知らない状態で文章が浮かんだ場合は、お客様の関心の薄い文章に仕上がる可能性が高いので、集客に結びつかないことが大半です。

すでにチラシやブログなどを書いているのに、集客につながらない場合、そもそも書いている内容がお客様の悩み・欲求に関連しているのかを見直す必要があります。

当然のことですが、集客するということは、実在のリアルな「ヒト」を集客するということです。集客は、「お客様を集める」と書いて集客と書きますが、実際はお客様の行動をコントロールできるわけではありませんので、売り手側の私たちができることは、お客様に「この商品、素敵！」「このサービスが私に必要だ」と感じていただけるよう、働きかけることだけです。

そして、そのように感じていただくためには、お客様をつぶさに観察すること。それをして初めて、お客様の心に響く言葉や文章がわかります。

●まとめ：お客様のことを知らずして、集客も、集客に繋がる文章も生まれない。

第2章　起業を成功させるための事前準備と起業後のアクション

1　起業前にすべき3つの事前準備　その①：築いておくべき人脈

どのような人脈を築くのか

「人脈が大切」とよく言われますが、一生愛される起業のために、起業初期に、どのような人脈を築く必要があるのでしょうか。

不特定多数の方と繋がろうとすると、ほとんどの場合、「知り合っただけで人脈とは言えない状態」になります。使える時間や避ける労力は限られていますから、選択と集中が欠かせません。

起業初期には、あなたの理想的な起業に近い状態を実現している成功者を探してください。

通常、起業家・経営者の集まる交流会やセミナーに参加しても、残念ながら成功している人は一握りしかいません。また、あなたの理想に近い状態の成功をしている人は、さらに少ないはずです。

誰が成功しているのかは、なかなかわかりにくいでしょうから、主催者や主催者と親しくしている起業家に紹介をお願いしましょう。「近々起業する予定なのですが、ベテランの経営者の方や、特にご活躍されている経営者の方をご紹介していただけないでしょうか？」と相談したら大丈夫です。

なぜ理想的な起業を実現した成功者との人脈が必要なのか

それは、自分の成功イメージがより身近なものになるからです。

周りに成功している人が増えると、「起業して成功することは、途方もなく難しいものではない」と、腑に落ちます。

昨今のプロモーション（広告・宣伝）活動を見ると、「起業は自由で簡単」と誤解されるようなものがたくさんあります。

私は、簡単とは思いませんが、途方もなく困難なものかというと、決してそんなことはないと断言できます。

よほど贅沢な暮らしをしたい場合は別ですが、改善することを諦めない限り、起業して豊かに生活をしていくくらいの稼ぎをすることは十分可能です。

ですが、正直なところ、「そうかも知れない…。でもなぁ…」と感じませんか？

実際、私自身が起業するとき、成功している先輩経営者から、「あなたが思っているほど、私とあなたに違いはないんですよ。むしろ、あなたが感じている以上に、私とあなたは近い存在なんですよ」と言われましたが、素直に受け取れませんでした。

いくらその言葉が正しくても、本人が「遠い」と感じていると、正しい言葉より感覚のほうが勝ります。ですから、成功している人とのリアルなつながりを増やすことで、成功者の存在を体感してください。

最初は、話も合わないですし、居心地も悪いかも知れません。もしかしたら、運悪く意地悪を言われることもあるかも知れませんが、中には「あなたを引っ張り上げてくれる成功者」もいます。

その人と出会えたら、成功が一気に加速します。

成功している人の多くは、この「引っ張り上げてくれる成功者との出会い」があったと言います。見込み客との人脈づくりももちろん大切ですが、ぜひあなたにとっての理想に近い成功者と多く出会い、そこで「起業したい！」というあなたの熱意をぶつけてみてください。ここでもやはり、あなたの熱量が伝染します。

●まとめ：成功者に触れることで、自分の成功イメージを鮮明にする。

2　起業前にすべき3つの事前準備　その②：WEBでできる簡単無料リサーチ方法

何のためにリサーチするのか

起業において、やったほうがいいとわかっていてもなかなか実行できないアクションの1つが、リサーチです。

実際に、お客様がどんなことで悩んでいるのかを知らないと、集客どころか商品作成をするのも非常に厳しいものになります。

リサーチの目的の1つは、起業したい分野が、ビジネスで成り立つ規模のお客様がいるのかを調べることにあります。

小さな起業や個人がリサーチする際に有効な方法を2つ紹介します。この方法でリサーチすることで、その分野で起業して、ビジネスが成り立つのかどうかを判別することができます。

ＷＥＢでできる簡単無料リサーチ方法【Google 編】

１つは、Google 広告のキーワードプランナーというツールを利用する方法です。このツールのおかげで、「ビジネスが成り立つのかどうか」を知ることができるようになりました。

インターネットで調べ物をする Google という検索エンジンがありますが、この Google 社のサービスの１つに、キーワードプランナーというツールがあります。このツールは、無料の Google アカウントを持っていれば、誰でも利用することができます。

このツールを利用することで、「お客様のニーズの規模」をリサーチでき、そのニーズを満たす市場（マーケット）で起業して、勝てる見込みがあるのかどうかがわかります。

どれだけ優れた商品・サービスでも、お客様が求めていないものは売れませんから、ニーズにある程度ボリューム（規模）が必要です。

起業して失敗する場合、考えられる主な原因の１つは、ニーズの規模が小さいこと、つまりマーケットの選択ミスが挙げられます。

例えば、「マーケットが小さすぎる（見込み客が少なすぎる）」「低単価でないと売れないマーケットである（見込み客はいるものの大企業向けのマーケットである）」、「低単価でも売れないマーケットである」といったケースです。

このキーワードプランナーを活用することで、マーケット選びを誤って、起業が失敗する可能性を大きく下げることができます。

月間検索ボリューム

キーワードプランナーで任意のキーワードを設定すると、そのキーワードが月間で何回程度検索されているのかがわかります。これを「月間検索ボリューム」といいます。

初めて使う方は、馴染みがないかも知れませんが、この月間検索ボリュームがどのくらいあるのかで、マーケット規模がわかります。

例えば、任意のキーワードを「エステ」にすると、2018年10月現在の月間検索ボリュームは〝49500回〟と表示されます。これだけの回数が、1か月間で検索されているということになります。

企業ではなく、個人向けのビジネスの場合、最低でも起業したい分野のキーワードを入力して、ボリュームが1万回を下回る場合は、黄色信号です。マーケットが小さ過ぎる可能性が高いからです。

まずは、現在、起業を考えている分野のキーワードをいろいろ入れてみましょう。例として、「エステ」「不妊」「起業」「副業」「転職」と入力した場合の検索ボリュームは図表2のとおりです。

似ているキーワードでも、少し言葉が違うだけで検索ボリュームは大きく異なることがあります。

例えば、起業と似た言葉に「開業」がありますが、このキーワードで検索すると、「開業

【図表２　Googleの「月間検索ボリューム」】

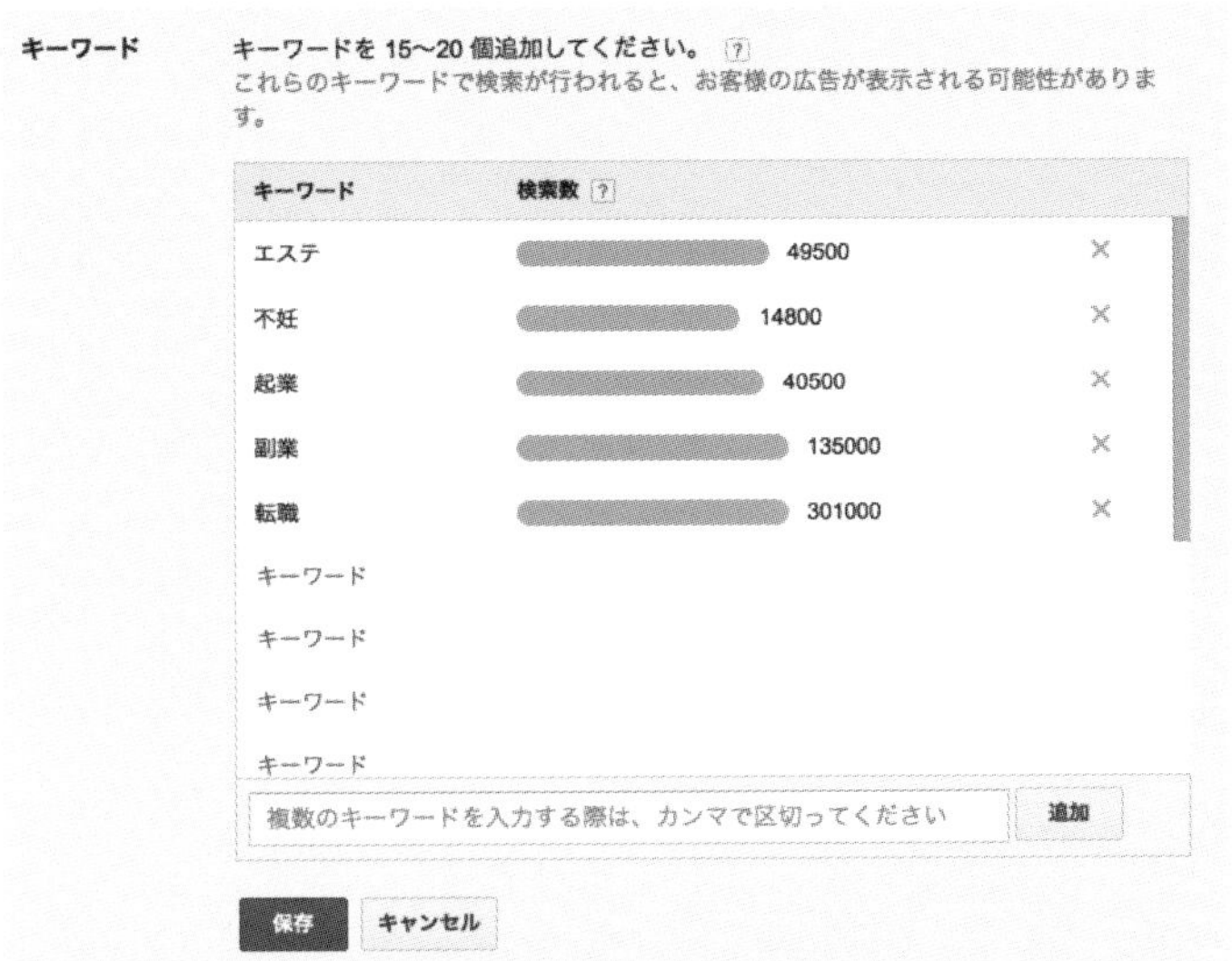

https://ads.google.com/intl/ja_jp/home/tools/keyword-planner/

６６００回」という結果が出ました。

開業というと、病院や治療院、士業やサロンオーナーの方にフィットする言葉なので、起業よりボリュームが少ないからだと想定されます。

このように、ほぼ同じ意味を指す言葉でも、キーワードが違うことで検索ボリュームは変わるので、まずは検索するキーワードをしっかり洗い出しましょう。

検索キーワードを洗い出す際は、類語辞典の活用がオススメです。自分の中にない語彙やそのヒントになる言葉を教えてくれます。特に、「もっとフィットする、別の言葉がありそうなんだけど…」「何か他に言い換えられる表現はないか」というときほど非常に役に立ちます。

キーワードを洗い出し、１万回以上の検

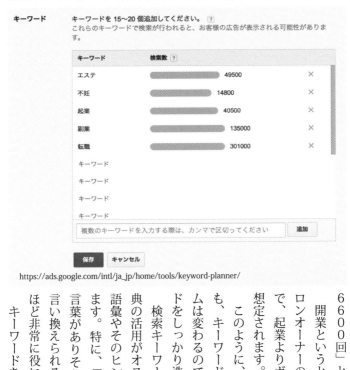

索ボリュームが認められたら、次は実際にそのキーワードをGoogleで検索しましょう。

検索結果に、全く「広告」が表示されないキーワードは、検索はされるものの、事業になりにくい規模の可能性が高いです。逆に、多数の広告がついているキーワードは、競合が多い反面、需要の大きなマーケットだというサインです。

WEBでできる簡単無料リサーチ方法【Q&Aサイト編】

検索ボリュームの認められるキーワードを見つけ、1社以上広告の出ている需要のあるマーケットがわかったら、次にやることは顧客のリアルな声を拾いましょう。Googleでのリサーチを「規模（量）のリサーチ」とすると、これは「質のリサーチ」です。

Q&Aサイトを活用することで、見込み客のリアルなお困り事・お悩みをリサーチできます。

インターネット上で、無料でお悩みを相談できるサービスとして、「YAHOO! 知恵袋」（図表3参照）「OKWAVE(オウケイウェイヴ)」「発言小町」「人力検索はてな」などがあります。

これらのサイトで、検索ボリュームの認められたキーワードやそれに関連するキーワードを入力することで、そのキーワードを含んだ質問が検索できます。

匿名で相談ができるため、「普段は言えない本音の宝庫」です。中には、嘘の相談を書き込む人もいるので、なるべく多くの相談を見ましょう。

様々な相談の記事を読んでいくことで、悩んでいる人の思考や人となりがどんどんリアルにイ

【図表3　YAHOO! 知恵袋】

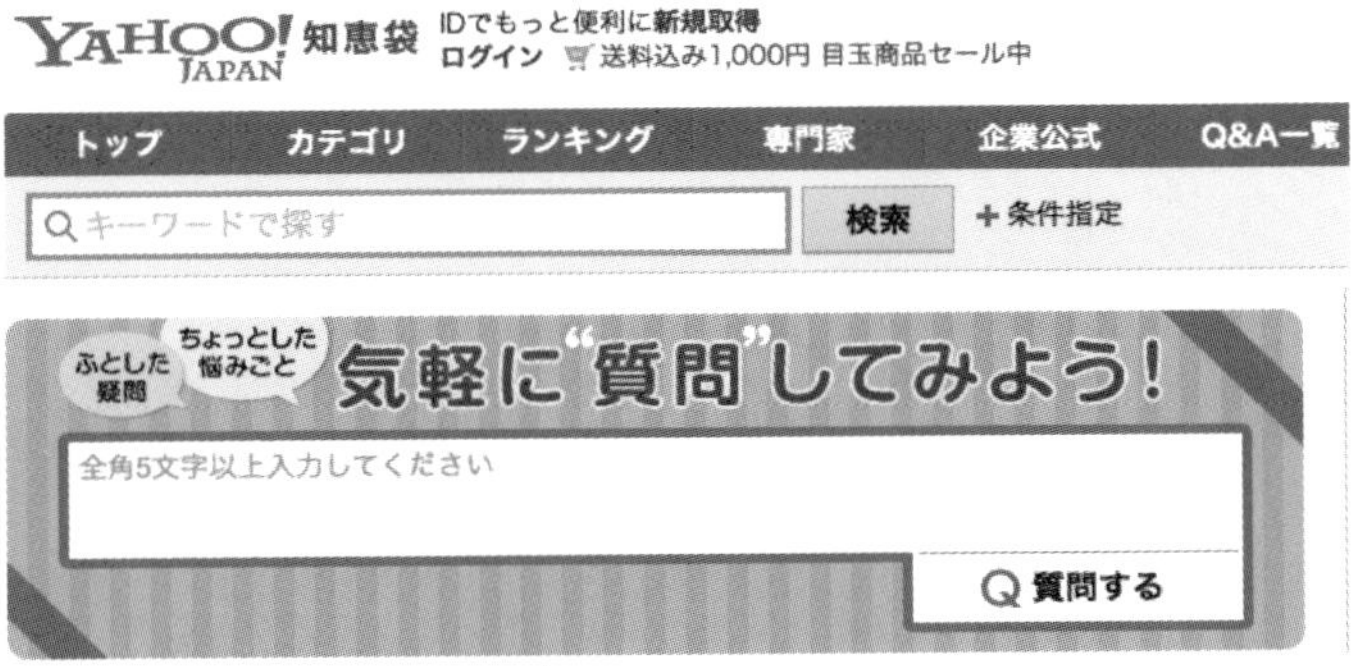

https://chiebukuro.yahoo.co.jp/

メージできるようになります。

もしかしたら、「エステ」「不妊」「起業」「副業」「転職」といったキーワードは、それ単体だと検索結果が膨大すぎるかもしれないので、その際は、キーワードを増やしてみましょう。

例えば「エステ　費用」「不妊　相談」「起業　アイデア」というように、メインキーワードにサブキーワードを追加します。

もし、周りに見込み客と近い属性の方がいたら、実際に会うか、電話などでヒアリングしましょう。話し方や声のトーン、顔が見える場合は表情など、文字からではわからない様々な情報が伝わります。

起業初期は2つで十分

もっと緻密にデータから推測する方法もありますが、起業初期はこの2つで十分です。

分析には終わりがないので、緻密に分析しても、段々と「分析のための分析」になりがちです。

まずは、起業したい分野で、「マーケットに規模があるのかどうか」、そして「見込み客の悩みは何か」が知れたら十分です。

この2つのリサーチができた段階で、分析はそこそこに、実際の集客やセールス活動に入っていきましょう。

百聞は一見に如かずで、机上での分析よりも、実際に集客やセールスをする中で得られる情報のほうが、はるかにリアルで、濃いからです。

●まとめ：ビジネスとして成り立つ規模があるかどうかをGoogleで調べる。その上で、Q＆Aサイトでリアルな悩み・欲求を知ろう。

3　起業前にすべき3つの事前準備　その③：お客様になろう

起業前に顧客体験を積む

どんな分野の起業であれ、これまでの経験が活きるのは間違いないでしょうが、スムーズに起業を軌道に乗せるために、起業前に顧客体験を積むことをオススメしています。

起業を検討しているマーケットで、実際に見込み客の立場になるのです。「売ったことはあっても、商品を買ったことがない」という人は少なくありません。

起業して成功し続けている人は、この「お客様感覚」を常に更新し続けています。何もしないと、どうしても売り手感覚になってしまうからです。

実際、お客様の気持ちに立つのは大切なことですが、これは簡単なことではありません。売り手は、どこまでいってもやはり売り手です。実際に売る側である私たちが、お客様の気持ちになろうとすると、どうしても実際のお客様の感覚とはズレてしまいます。

通常、売り手は、日々商品・サービスを磨きますし、専門性もレベルアップしていきます。すると、それに比例して商品・サービスのことを詳しく知らないお客様との距離は開いていき、お客様の気持ちはわからなくなる一方なのです。

そこで、有効な方法が、この顧客体験を積むこと、つまり実際にお客様になって、商品・サービスを買って使ってみるということです。

また、お客様へ、自社の商品・サービスについてどう感じているかヒアリングするのも有効ですが、顧客体験を積むことで、初めて体感できる感覚や見えてくる景色があります。

起業を考えている分野において、お客様はどのようにして悩みを解消しようとするのか。どこで情報収集するのか。どのような方法で商品・サービスに出会い、予約・申込をするのか。そして、購入・契約を決めるのか。

この体験を通じて、起業後に、どのような集客経路やセールス方法が有効なのか、あるいは有効でないのかがわかります。どんな対応に喜び、また不快に感じるのかなど、顧客体験から吸収できる情報は多岐に渡ります。

●まとめ：定期的に顧客体験を積むことで、お客様感覚を磨き、更新する。

4　起業するタイミングの目安とは

今から3か月～長くて1年以内

既に「起業して生きていく！」と決断している人は、「この日に起業する」と決めるだけで大丈夫です。もう決断している人は、日さえ決めたら、その日に起業するために必要な行動を逆算して実践できる状態にあるはずだからです。

一方、「できれば起業したい。でも…」と、何かしらの不安がある場合は、目安や指標があると起業の時期を決めやすくなりますよね。

起業するオススメのタイミングは、今から3か月～長くて1年以内です。「え！」と思われたかも知れませんが、これにはもちろん理由があります。

寿司職人や伝統工芸の仕事などは、どこをゴールにするかにもよりますが、通常、一人前になるには5年、10年～それ以上かかると言われています。

人命にかかわる医療関係の仕事や、建設関係の仕事も、一人前になるには同じくらいの期間が必要と言われています。

このような特殊な業界で起業する場合は別ですが、そうでない場合、起業するのは早ければ早いほど成功確率は上がります。

起業は、先行者利益、つまり先に始めた人が得をする構造になっています。これは、早くに起業するほど、多くのお客様に認知してもらえることに起因します。

先に参入した人ほど、「この商品といえば○○さん」というイメージを持っているお客様が多くなり、その認知があるほど集客はしやすくなります。

見込み客が日本人の場合

日本の人口は既に減り始めており、今後それは更に加速していきますから、日本人を集客する難易度は年々上がっていきます。これは、先に起業した人のほうが、より低い難易度で、より多くのお客さんと出会えるということを意味しています。

多くの問題と出会うことが起業家として大きく成長できるチャンス

早くに起業するほど、多くの問題と、より早くに出会うことができます。トライ＆エラーを繰り返す機会があるということは、それを乗り越えるほど、逆境でも乗り越えられる、力強い起業家になれるチャンスがあるということでもあります。

●まとめ：早くに起業することで、お客様に認知されるチャンスも、起業家として成長できるチャンスも得られる。極力先行者利益をとろう。

5　起業の1歩が踏み出せるマジック

起業許可が出せる条件を数字で決める

「起業して生きていけるか心配」「商品に自信がない」「なかなか起業の一歩が踏み出せない」という お悩みは後を断ちません。

これは、それだけご自身の起業や、よりよい商品・サービスをつくることに真剣だからこそ生まれる悩みです。しかし、時々、これが原因で何年〜十年以上起業のスタートを切れないでいるという方がいますが、時間がもったいないです。先ほどの、先行者利益もどんどん失われることになります。

そこで、起業の許可を出せるように、「事前に起業する条件を決めておく」のがオススメです。よく「準備が9割」と言われますが、起業前は、どこまで準備をしても終わりが見えません。そもそも、何をどれだけすれば、9割の準備ができたと言えるのか、起業初期は判別できないことも多いです。

そこで、「ここまでやったら、準備は整った」というラインを引きましょう。そして、そのラインを超えたら、まずはやってみるというルールにするのです。

このとき、量や回数など数字でカウントできるものを条件にするのがポイントです。数値化できないものを条件にすると、超えたのかどうか判別ができません。

このような、明確な数字を条件にして、それを達成すると、これが後々にも活きてきます。

いざ起業するときや、起業後に不安にかられることがあったら、この事実があったことを思い出しましょう。これまで積み重ねてきたものの存在が明確にあることが、一番の勇気づけになります。

●まとめ：自分が起業する許可を出せるように、条件を数字で決める。

6　ついに独立！　起業したら何よりも先にやるべきアクション

とにかく１件契約・購入を

独立後、まずやるべきことは、とにかく1件の契約・購入をいただくことです。他の何をおいても、それを優先してください。使える時間は、たくさんあるようで、多くありません。

時間がたくさんあったとしても、あれこれやると、どれも中途半端に終わることが大半です。

起業は、やろうと思えばできることはいくらでも出てくるので、まずは「結果をつくる」ことを第一に考えてください。

なぜなら、結果が出ていない状態で行動を続けるのは、かなりメンタルを削られるからです。

結果の大小にかかわらず、わかりやすく「結果が出た」という体験を積むことが、行動を続ける一番のエネルギー源になります。

【図表４　スタートダッシュ、始まりが重要】

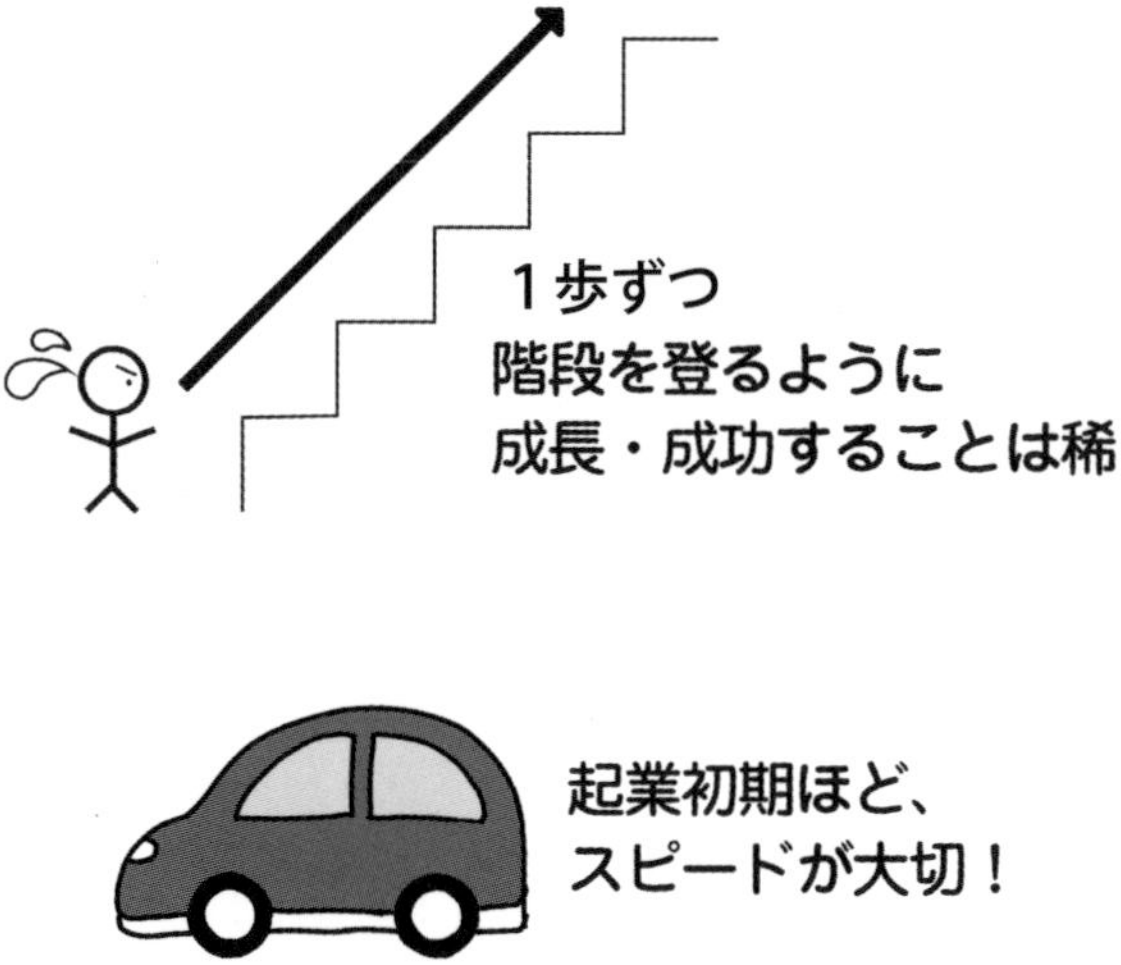

起業して生きていくということは、起業の動機は何であれ、お客様の問題解決をして生きていくということを意味します。

ですから、お客様に契約・購入をいただかないと、いっこうにお客様の問題解決に着手できないので、仕事が始まりません。契約をいただくまでは、あくまで仕事のための「準備」をしている、ということになります。

「スタートダッシュ」という言葉があるように、「始まり」が重要です。最もエネルギーがいるのは、何事も「始める」ときです。

0→1をつくり出すのは、非常にエネルギーがいることなので、「ぬるっと始まる」ほど、起業が軌道に乗るまでに、より多くの時間と労力を必要とします。

ですから、起業時はもちろん、「ここから結果を出していくぞ！」と覚悟を決めたときなど、結果の出方に「高い角度をつけたいとき」は、スタートが大事だということを覚えておいてください。

このタイミングでエネルギーを出し惜しみすると、それ以降にそれ以上のエネルギーはなかなか出せません。

●まとめ：スタートが大事！　１日も早く１件の契約・購入をいただく。

7　実績0、起業直後でもお客様に安心して購入してもらうには

２つの条件を満たす

起業初期ほど、売り手のビジネスへの熱量・コミットメントが重要ですが、それに加えて、次の２つの条件を満たすことで、お客様からより安心して購入・契約していただけるようになります。

もし、熱量やコミットメントの強さに今１つ自信が持てない場合は、特にこの２つの条件を満たすようにしましょう。これを片方、あるいは両方とも取り入れられるとお客様の不安を払拭した商品・サービスをつくることができます。

条件１　お試し利用期間を持つ

説明だけではイメージしにくいので、「Rentio」というサイトを例にさせていただきます。このサイトを運営しているレンティオ株式会社は、カメラや家電のレンタル事業をされています。

例えば、空撮用のドローンやロボット掃除機のルンバといった比較的高額な電化製品を買いたいとき、いきなり購入を決断するのは難しいと感じる人は少なくありません。それが生活必需品でなければ、なおのことです。

そんなとき、Rentioに登録されている商品であれば、数日〜数か月試しにレンタルすることで、「本当に使いこなせるのか」「自分の求めるレベルの製品なのか」などを確認できます。気に入れば、そのまま購入したり、継続利用したりすることが可能です。

年々凄いスピードで、お客様にとって違いのわかりにくい、似たような商品が誕生しています。起業して、まだ実績も経験もない段階の商品は、購入を怖がるお客様もいます。この「怖い」という感情を取り除くのが、セールスの大切な役割の1つです。

ですから、この怖い感情がなくなるように、お試し利用期間を設定するのです。そうすることで、いきなり購入・契約は決められなくても、「まずはお試しなら」と格段に選ばれやすくなります。

条件2　圧倒的な保証・サポート量をつける

「ここまでやるか！」と思われる、また自分でも思える量の保証やサポートをするというものです。保証とは、例えば、「もし、ご満足いただけなかった場合は、全額返金します」という方法や、「ご満足いただけなかった場合は、サポート期間を○か月延長します」という方法です。

サポート量は、例えば、「不明な点があれば24時間ご質問を受け付けております」「交換・修正は回数無制限です」といったものです。

実際、このような保障・サポートをつけることで、契約率が最大50％アップされた方もいるので非常に強力です。

保障・サポートを考える際、「返金はリスクが高い」と心配になる方もいるかも知れませんが、一般に、返金率は５％程度に収まることが多いです。

この２つの条件を両方とも満たすと、「試しに使うこともできて、保障やサポートも手厚い」ので、お客様にとってほぼノーリスクなご提案ができます。

条件１・２の実施と言語化・見える化

ここで重要なのは、このような「お試し期間」や「豊富な保障・サポート量」をしっかり見える化するということです。

これらを実践している起業家は、非常に少ないので、これはチャンスです。

余談ですが、他の人がやっていないことや、やりたがらないことをやると、お客様から選ばれる確率はぐんと高くなります。

特に、「他の人がやりたくてもできないこと」が自分にできればベストですが、起業初期にこれがあればラッキーなほうなので、まずは、「他の人がやっていないこと、やりたがらないことほど、自分は実践する」ようにしましょう。

話を戻しますが、売り手が無意識にしている行動ほど言語化は難しいものです。そして、言語化されていないものの価値を、商品購入前のお客様が認識することはありません。

というのも、購入後は、商品・サービスを利用することでその品質や価値を体感できますが、購入前に言語化されていないものは伝わりようがないからです。

まずは、条件1・2の詳細と、契約～納品～フォローまでのすべての工程（アクション）を洗い出しましょう。そうすることで、「自分は当然していたけれど、お客様にとっては喜ばれる工程」を発見することができます。

起業が軌道に乗ってからは、保障やサポートを山盛りにしなくても、実績や経験だけで安心して契約いただけることは多くなりますが、特に起業初期には、ここでご紹介した2つの方法を両方とも取り入れることをオススメします。

理想的なセールスとは、お客様にとって「断る理由がない」という状態をご用意することです。そこを目指すと、結果としてお客様に非常に喜ばれる商品・サービスに仕上がっていきます。

●まとめ：お試し利用期間を持ち、圧倒的な保証・サポートを用意すれば、断る理由のないセールスが完成する。

■ワーク・「お試し利用期間」の内容案を書いてみましょう（例：「初月だけ無料」など）。

【図表５　「お試し利用期間」と「保証・サポート」の文章化・見える化】

■ワーク・保証やサポート案を書いてみましょう（例：「1か月利用して効果がなかったら全額返金」　など）。

8　高単価商品って必要？　知られざる魅力

高単価商品を持つ最大のメリット

起業すると、「商品を高単価にしよう」とよく言われます。

理由の1つは、「単価がコントロールしやすいもの」だからですが、それだけではありません。

商品単価を上げる一番のメリットは、お客様を丁寧にサポートできるようになることです。

例えば、月商100万円を売り上げたい場合、高単価×少人数でも達成できますし、低単価×大人数でも達成できます。

誰しも使える腕は2本しかありませんから、同じだけの月商、年商を目指すのでも、この2本の腕で貢献できるお客様の数は、そう多くはありません。

お客様の数が増えれば、その分事務の時間も増えます。電話応対、メール応対、請求書の発行、領収証の発行、入金の確認、未入金の場合の催促、クレーム対応など、お客様の人数が増えると、これらがどんどん増えていきます。

ですから、売上目標を「高単価×少人数」で達成するのか、「低単価×大人数」で達成するのかによって、同じ目標でも、達成するのにかかる労力は全く変わってきます。

体感的には、月商１００万円や年商１，０００万円を達成する場合、高単価での労力を1とすると、低単価であるほど、その労力は2倍～数倍はかかる印象です。

お客様１人ひとりの個別具体的な悩みを解消するように、丁寧な商品・サービス提供をすること、サポートをすることが、個人や小さな企業に求められます。

大企業が資本を投じて実施するビジネスは、安定感や安心感はありますが、その分融通が利きにくいのが特徴です。

お客様との距離感が近く、「そんなところまでやってくれるの？」と、四角四面ではなく、かゆいところに手が届く商品・サービスほど、私たちに求められるのです。

時間をかければ、必ずしもよい商品・サービスが生まれるわけではありませんが、時間をかけずしてよい商品・サービスが生まれることもありません。

単価を高くすることで、１人ひとりのお客様により一層、入念に時間をかけて、丁寧な商品・サービス提供が可能になります。その結果、１人ひとりのお客様との結びつきは非常に深いものにもなります。

一生愛される起業をしていく上で、お客様とどれだけ関係性を密にできるのかは、非常に大切な要素です。

あえて起業をしたい、あるいは起業を選んだということは、おそらく「大量にさばくサービス」よりも「手厚いサービスをしっかりと」提供したいと思っている方が大半だと思います。

その実現のためにも、徐々にでも商品の高単価化を取り入れていきましょう。

●まとめ：単価アップをすることで、より丁寧な商品・サービスの提供ができ、お客様と深い関係性を築くことができる。

9　独立当初から引っぱりだこ！「行列」のできる起業法とは

独立前の仕込みがカギ

独立後、起業家を最も苦しめるものの1つが、キャッシュフローです。

キャッシュフローとは、現金の流れのことです。

使える資金が全くない状態で独立される方は稀だと思いますから、ほとんどの方は、ある程度の資金を貯めてから独立されることと思います。

実際に起業すると、HPを制作したり、専門家に相談に乗ってもらったり、もちろん生活をしていくためのお金も必要になりますから、起業初期は、どうしても増える量に対して、減る量のほうが多いものです。

ですから、資金を貯めていたとしても、おいそれとは使えません。

起業初期の「キャッシュフローが苦しい」というのは、手元の使える現金があまり多くない状態を指しています。

理想は、独立当初にあちこちから仕事が来ることです。そうすれば、このキャッシュフローが苦しいという期間はかなり短く、時には0にできます。

そこで､どうすれば独立当初から引っぱりだこの状態にできるのかというと、これは独立前の「仕込み」次第です。

料理では、仕込みを入念にするほど、実際に調理する際に一手間も二手間も省けます。

逆に、仕込みをほとんどせずに、いきなり調理を始めた場合は、時間も労力も多くかかり、料理のクオリティも、仕込みをした場合に比べると落ちる傾向にあります。

可能な限り独立当初から仕事が舞い込む状態にしておきたいところです。

それでは、どのような方法でそれを可能にするのかというと、映画やテレビ番組のプロモーションにヒントがあります。

期待感を高める

これは、見込み客の商品・サービスへの期待感を高めることで、集客に繋げる方法です。

特に映画は、通常とことん期待感を高めて、その上で上映されます。

映画の場合は、上映期間中にどれだけ映画館に通ってもらえるのか、ドラマの場合は、放送時の視聴率が評価の重要な指標になりますから、気がついたら上映・放送されていて、気がついたら終わっていたというのではお話になりません。

例えば、期待感を高めるための一連のプロモーションとして、次のものが挙げられます。

◆映画やドラマの制作が決定したら、その段階で行われる「制作発表会見」
◆映画を見に行ったら、本編の映画上映前に流れる「予告」
◆主演の芸能人が様々なニュース番組やバラエティ番組に出演する「番宣」

これらの活動を見ることで、見込み客はどんどん上映や放送開始が楽しみになっていきます。

起業にも応用する

このプロモーションを、起業にも応用することができます。具体的には、可能な限り、あちこちで起業予定であることや事業内容を話しましょう。

このとき、「なぜ独立するのか」、「この事業で自分が大事にしたいこと」なども話しましょう。「え、そんなことでいいの？」と思われたかも知れませんが、これがとても大切なことです。

集客の基本は、認知している人の母数を増やすことです。

会う人、会う人に話して地道に認知を広げていきましょう。そして、あなたの人となりを知ってもらいましょう。

すると、ときどき「何か困ってることある？」と力になろうとしてくださる方や、「誰か紹介しようか？」と見込み客やビジネスを加速させる人脈を紹介してくださる方、中には「こんな仕事も受けられるの？」と仕事の打診や依頼をしてくださる方もいます。

もちろん、いろんな人がいますから、「世の中そんなに甘くない！」と説教されることもあるかも知れませんが、反論したいだけの方には、それ以上起業に関するお話はしないようにすれば大丈夫です。

応援するが故に心配してお叱りの言葉をくださる方もいるので、その場合は、その言葉を真摯に受け止めることで、後に強力な応援者になってくださるケースもあります。

さらに、後日ビジネスの進展があれば、マメに報告するのはもちろん、ＳＮＳなどで近況を発信しましょう。

具体的には、「商品開発中です」「モニターさん募集中です」「こんな感想をもらいました！」など、リアルタイムの変化を伝えていきます。

こうした発信を始めていくことで、周りにあなたの独立を楽しみにしてくれる人を少しずつ育てていきましょう。

この人数に比例して、独立と同時に受注が入る状態がつくれるようになります。

●まとめ：独立前から、映画のプロモーションのように期待感を高める。あなたが起業することを認知している人の母数を増やす。

10　副業で起業する際のメリットと注意点

副業のメリット

可能であれば、いきなり完全に独立するよりも、副業から始めるなど、別に収入源のある状態で起業するのがオススメです。

というのも、軌道に乗るまでに必要な時間は、かなり個人差があります。多くの場合、小さな失敗を繰り返しながら、試行錯誤の末、軌道に乗せていくことになります。

早々に軌道に乗った場合は、すぐに起業1本にすればいいですし、なかなか軌道に乗らない場合も、お金の心配をしなくて済みます。

勤めていたときは、お金は、「働けば必ず振り込まれるものだった」という方が大半かと思いますが、いざ起業したら、しばらくはお金は減る一方になることが多いので、想像以上に神経がすり減ります。

これに耐えられなくて起業を辞める人もいるくらいなので、できれば副業から起業して、売上の見込みが立ってから独立しましょう。

最低であっても商品作成～セールス～納品・入金といった一連の流れを数回は体験しておくと安心です。

絶対に避けたい失敗とは

起業は、常にテスト（実験）の繰返しで、小さな失敗はつきものですが、これだけは避けたいという失敗があります。

それは、根本的に、商品が見込み客から求められるものになっていなかったというケースです。お客様から求められていない商品を、魅せ方を工夫して、売れる商品にすることはできません。

完全に独立してから、「そもそもお客様から求められていない商品だった」と判明するのは、お金や時間もそうですが、メンタル的にもダメージが大きいので、この点だけは、先にテストしてから独立しましょう。

このテストの方法は、お客様に実際に売れるかどうかを試して確認するのが確実です。

ちなみに、副業というと、「お小遣い稼ぎくらいしかできない」と感じる方もいるかも知れませんが、副業だけで数十万円～百万円以上を売り上げることは十分可能です。

もちろん、完全に独立している方に比べれば、使える時間の量は少ない分、売上の天井は低くなります。しかし、週末だけの起業や、平日１日１～２時間を使って、本業以上に稼いでいる人も少なくありません。

副業の注意点

勤めている会社の就業規則や規定を見直しましょう。

まず、副業は可能なのか、不可能なのか。副業を禁止している場合でも、「金銭のやり取りが発生しないなら可」としている会社もあります。この場合は、あなたの売上にはなりませんが、その分経験や人脈が得られます。

また、これは副業の話ではありませんが、「退職後数年間は、同じ業種・業態での起業を禁止」としているケースもありますので、事前に確認しておきましょう。

時々、「辞めて独立するんだし、就業規則の内容は気にしない」という方もいますが、これは非常にもったいないことです。

起業家には、独立前の人脈を活かせる人と、そうでない人とがいますが、圧倒的に前者が早くに成果を出します。

前職の繋がりのお客様が、何らかの応援をしてくれたり、仕事を発注してくれることもありますし、中には、前職のお困り事を解消する方法を考えて起業し、「前の職場がお客様になった」というケースもあります。

前職の会社とお客様の関係性が太い場合においては、「辞め方」によってはそれらは叶わなくなります。

美しく辞するほど後腐れもなく、独立後の仕事につながることもありますから、極力良好な関係を壊さずに独立することを目指しましょう。

●まとめ：独立は、売上の見込みが立ってからが確実。就業規則の確認を忘れずに。

第3章

間違いだらけの起業の常識・非常識

1　強みをベースにした商品作成の盲点

ハードルを上げ過ぎない

自分の強みをベースに商品をつくろうとする人は多いですが、これには注意が必要です。商品を考えるスタート地点が、「自分の強み」になっているので、お客様のお困り事と結びつかない商品になりかねないからです。

お客様の悩みや課題が出てきて、その上で自分にできることはないかと考えれば、自然と自分の強みが活かされた商品になります。

日本人は、よくも悪くも謙虚な人が多いので、強みをベースに商品をつくろうとすると、「そんな大層な強みなんてない」と感じて、そこで商品作成が止まってしまうことも少なくありません。

商品を作成する際は、お客様の悩み・課題を細分化して、細分化したものに対して役立てることがないか、探してみましょう。

もし、役立てるものが見つからない場合は、ご自身だけでお客様の悩みや課題を解決しようとしているのかも知れません。自分には無理でも、他社の商品・サービスを紹介したり、あるいは自分が他社の商品を買って代理店をすることもできます。

また、思うように商品作成が進まない場合は、ハードルを高くし過ぎていないかも見直しましょう。

あえて起業するのだから、何かすごいことをしないといという気持ちになるのは、自然なことかも知れませんが、「これだけ商品がありふれているのだから、半端な商品では売れないだろう」「斬新で、革新的な商品をつくらないと」とハードルを上げ過ぎては、なかなか商品はできません。

お客様は売り手が思うほど完璧を求めていない

お客様は、そこまで目新しい商品や、クォリティの高い商品を求めていないこともあります。むしろ、「え、こんなものでいいの？」と思うものが喜ばれることもあります。

逆に言えば、売り手にとってはごくごくありふれたものでも、お客様のお悩み解決をできる可能性があるのです。

商品をつくる際は、販売するまでに半年以上の準備期間を要するものは避け、極力、今のあなたから大きく変わらなくても売れるものを商品化しましょう。

商売の常で、何が売れるのかは、売ってみないとわかりません。

「これは売れる！」とお金も時間もかけて準備したにもかかわらず、鳴かず飛ばずに終わる商品もあれば、一方で、大して売れると想定していなかった商品が大ヒットすることもあります。

資本力のある企業は、商品が売れなくても、それが即、大きな打撃にならないことも多いですが、起業初期の段階で、半年以上準備がいるものをつくって、それが売れなかった場合は大きな打撃になります。半年という時間ももったいないですし、メンタル的にも大きなショックを受けます。

起業初期は、お客様のお悩みに対して、自分が解決できるものや解決の手伝いになるものを洗い出し、その中でも時間をかけずにリリースできるものからスピーディーに販売してみましょう。

●まとめ：商品作成は、自分の強みではなくお客様のお悩みが出発点。販売までに時間のかかるものは避ける。

2　そのサービス、本当に必要？

枝葉のニーズを満たすことに時間をかけない

いざ起業したら、せっかく起業したのだから、勤めていたときに「もっとこうすればお客様は喜ぶのに」と感じたことや、買う側の立場のときに「もっとこうして欲しかった」と感じたことなどを、自分の事業では盛り込みたいという方も多いと思います。

可能な限り盛り込んでもらえたらと思うのですが、時間のかけ過ぎには注意しましょう。

日頃、「もっとこうならいいのに」と感じることの中には、起業のヒントになることもたくさんあるのですが、反面「あったら嬉しいけど、なくても大丈夫」というものもたくさんあります。

後者のものは、ニーズの中でも「枝葉」にあたるものです。

起業初期は、基本的に自分の時間を使うしかないので、使える馬力は1馬力しかありません。ですから、枝葉のニーズを満たすことに時間をかけて、時間がなくなっては本末転倒です。

商材や価格帯にもよりますが、例えば「契約書や請求書、領収証は本当に紙でないと失礼なのか？」「そもそも領収証の発行は必須か？　銀行振込みの明細を保管してもらうようにお願いすればよいのではないか？」など、挙げるといろいろと削減できるものが出てきます。

これらは細かい例ですが、事務が積み重なると、「塵も積もれば山となる」のことわざどおり、かなりの時間をとられます。

この時間を、1人でも多くのお客様のお悩み解決に当てられたら、より多くのお客様の役に立つことができ、売上の最大化にもつながります。

特に、「時間がない」「忙しい」と感じるときは、必要以上の仕事を自らつくっていないかをぜひ確認してみましょう。

このとき有効な方法は、1度、行動を細かく洗い出して、「絶対に不可欠なサービス」「満足度に大きく影響するサービス」「満足度に多少影響するサービス」「なくてもよいサービス」に分けてふるいにかけることです。

おそらく、「やっても大きな意味がない」と感じるサービスは、そもそも取り入れていない可能性が高いですから、「無駄ではない」と感じるものや「当然やるべき」と感じるものほど、見直すことで「枝葉のサービス」が見つかります。

●まとめ：枝葉のサービスに時間をかけるより、多くのお客様のお悩み解決に時間をかける。

3　コラボ開催のメリットと注意点

コラボ開催のメリット

起業すると、「一緒に事業をしましょう」「コラボでイベントをしませんか?」といった提案が来ることがありますが、コラボは、組む相手によっては、出費が増えたり、本来1人で決められることが決められなくて時間がかかったりするので、注意が必要です。

コラボする場合の鉄則は、自分よりも大きく成功している人や、幅広い人脈を持っている人、自分の弱みを補ってくれる人などと組むことです。

ビジネスでよく言われることですが、「組むなら格上と組む」ということです。

私の周りにも、数人の格上の人に可愛がられて、その人たちの業務をサポートする形で、1人で何千万円と利益を出している人がいます。格上の人は、自分の事業を引っ張り上げてくれる存在になる場合が少なくありません。

コラボの注意点

同時に、条件面には十分注意しましょう。

格上の人とのコラボは、メリットがたくさんありますが、時々大変な条件を提示されることもあります。それは、売上や利益配分であったり、業務量の配分であったり様々です。

誰とコラボする場合でも、このような条件面と、終了の線引きは明確に引くようにしましょう。「今回と次回の企画をコラボする」「３か月間業務をコラボする」といった形です。

誰かと組むということは、それだけ「コラボ相手に相談・確認する」という動きが増えますので、どうしても動きがスローになりがちです。

１人でスピーディーに決定し、行動できることが、個人や小さな会社の魅力の１つですから、常に「終わり」を決めましょう。好評で繰返し開催する場合も同様です。

●まとめ：コラボをするなら、格上と。ただし、条件に気をつけよう。

4　大切なのは利益を残すこと

売上が高いときほど注意

手元の使える現金を増やすためには、売上を増やすという「入口」と、利益を残すという「出口」の両方を押えることが必要です。

極端な話、もし売上が1，０００万円あっても、１億円あっても、そのすべてを経費で使った場合、利益は０円ということになります。

年商数千万円や億を超えている企業でも、利益が雀の涙もなくて苦しい思いをしている会社はゴマンとあります。

「売上を上げること」と「お金を残すこと」、どちらかに関心が偏っている起業家は少なくないので、この両方を実践しましょう。

起業は、お客様のお困り事を解消することで初めて成り立ちますが、時代の変化や競合の変化などに合わせて、年々人の悩みは移り変わります。

そうなると、お客様の悩みや欲求が変わりますから、あなたのお客様が求めるものも当然変わります。

お客様の悩みは変わるのに、これまでと同じことをしていてはお困り事を解消できませんから、私たちは年々進化することが求められます。

ウォルト・ディズニーや松下幸之助は、「現状維持は、衰退の始まり」という格言を残していますが、その意味の一端がわかる気がします。

時代に合わせて進化をした生き物だけが現代を生き残っているように、起業家も企業も同じです。

しかし、「進化」といっても、それはすぐにできるものではありません。

毎年「増収増益」の企業も、月単位や週単位、日単位でみれば、利益が減っているタイミングが必ずあります。小さな失敗を積み重ねて、それを改善することを通して、年間で見たときには成功という状態をつくっているのです。

進化には、「小さな失敗」を積み重ねるための体力が必要です。そして、この体力というのは、

【図表６　使える現金の量】

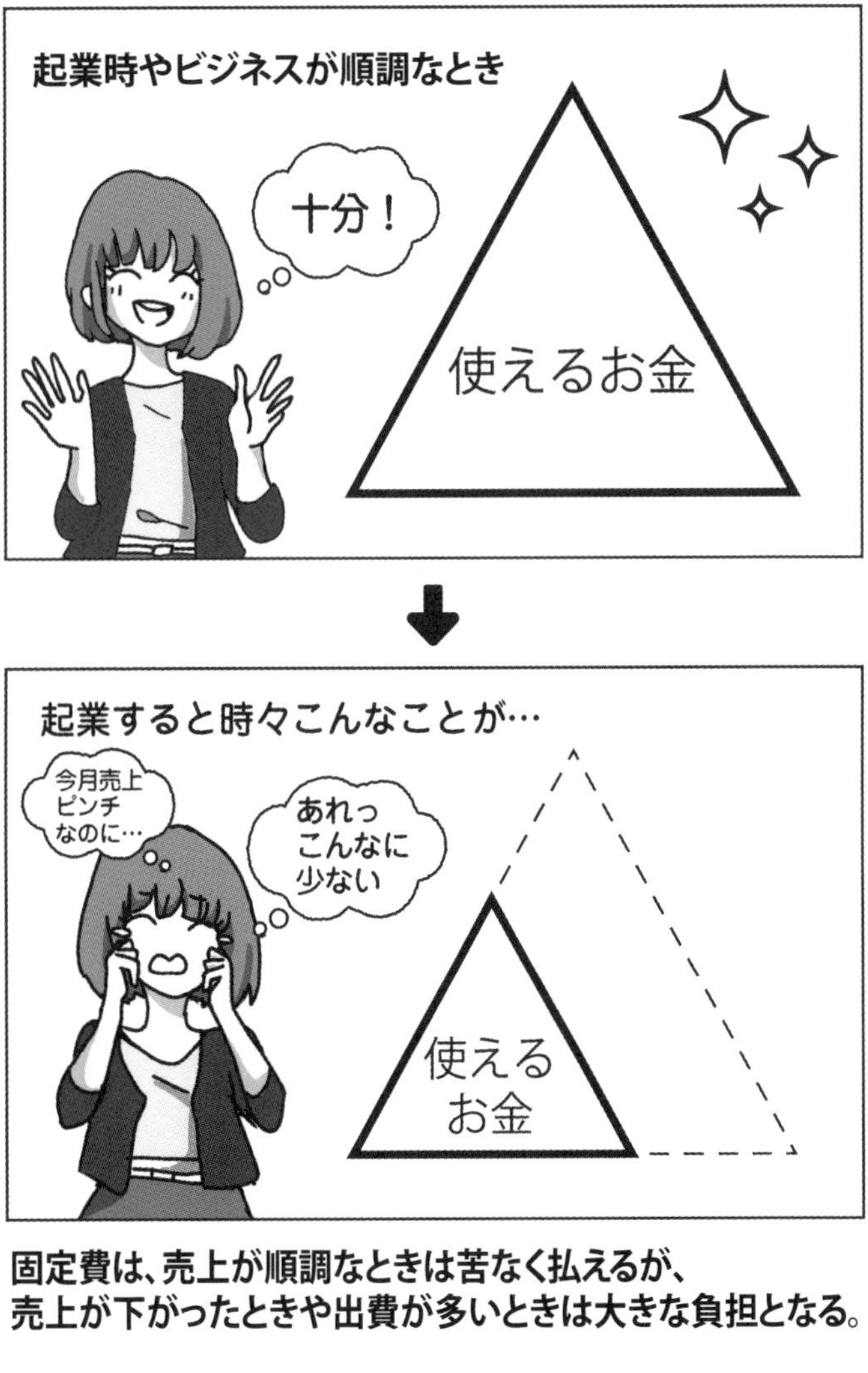

固定費は、売上が順調なときは苦なく払えるが、
売上が下がったときや出費が多いときは大きな負担となる。

起業において「使える現金の量」でもあります。

現金が残っていれば、先行投資もできますし、多少売上の上がらない時期が続いてもそのときを耐えることができます。

では、どのようにして利益を残すのかというと、第一に固定費をかけ過ぎないことです。

固定費は、黙っていても勝手に出ていくお金のことです。家賃や、定期的に必ず支払わなくてはいけない費用があれば、それも固定費に含まれると思って大丈夫です。

固定費＝未来に減ることが確定しているお金なので、極力多くならないようにしましょう。

そして、ビジネスが軌道に乗ってからは、儲からなくなったときを想定して、経費を使い過ぎないようにしましょう。

言うのは簡単ですが、いざ、毎月たくさんのお金が入るようになると、このことを覚えていられない起業家は多いです。固定費を大きく増やすときは、一呼吸おいてから決断しましょう。

●まとめ：売上アップだけでなく、利益を残すことも大切。固定費のかけ過ぎには要注意。

5　ウマい投資をするために

お金を投じるときのポイント

前頁の内容と反するように感じるかも知れませんが、お金を使うことで利益がアップする場合は、惜しまず経費を使いましょう。経費を抑えることで、利益を残すことはできても、利益を増やせるわけではないからです。

手元の現金が一時的に減ったとしても、それが未来のより大きな売上・利益をつくるなら、可能な範囲で投資しましょう。

「そこまで稼げなくてもいい」という場合は、この限りではありませんが、基本的に同じことをしていては利益は下がることが大半なので、売上・利益は現状維持で十分という方も、多少の投資をすることをオススメします。

ちなみに、お金は、その使い方によって投資にも浪費にもなります。

・投資＝買ったものが払った額を超える価値がある。
・消費＝買ったものが払った額と同じ価値がある。
・浪費＝買ったものが払った額未満の価値しかない。

せっかく経費を使うのであれば、「投資」にしたいですよね。

起業初期は、特に先行投資が必要なシーンが度々登場しますから、お金を投じる際のポイントを２つご紹介します。

営業に注意！

起業すると、どこで聞いたのやら、あちこちから営業が来ます。

例えば、「HPをつくりませんか？　2年契約で、月3万円です」「あなたの商品を雑誌に掲載しませんか？　A4の4分の1サイズで20万円です」といった営業の電話やメールがたくさん来ます。「本を出版しませんか？」という提案が来ることもあります。

美味しそうな話でも、このような連絡が来た場合は、即決しないようにしましょう。

こちらから「買いたい」と連絡したのではなく、向こうから営業に来た商材は、売れていない可能性が高いからです。

売れていないものにお金を使って、投資になることは滅多にありません。

悩んだらこの人に聞こう！

もし、「この商品どうかな？（買いたいな）」と思うものが出てきた場合、先行投資に成功した人や、ビジネス的に成果を出している人に相談してみましょう。できれば、同業者や業界に精通している人だと望ましいです。

売れている人は、十中八九、売れるものにお金を使っています。つまり、「投資」をしているのです。

そして、「これはお金を使う価値があるのか」をよく見ていますから、投資の目が肥えています。

特に、金額の大きな買い物をするときほど、売れている人の意見を聞いてみることをオススメします。

●まとめ：先行投資は、営業に要注意。即決せず成功者の意見を聞こう。

6　当たる経営計画を立てるコツ

当たらないことを大前提に立てる

時々、「経営計画を立てないと、起業してはいけませんか？」というご相談をいただきます。

ズバリ、起業初期には、中長期の経営計画はいりません。

もしかしたら、「起業するぞ！」と意を決して、プランを練るのが楽しくて仕方がないという人もいるかも知れません。自由に計画して、自分の意思で何をするかを決定でき、行動できるのですから、当然かも知れません。

実際のところ、起業初期には、「短期的な目標」「短期での行動計画」があれば十分です。長期的な計画を練っても、ほぼそのとおりにならないからです。もちろん、楽しく将来のことを考えるのがＮＧということではありません。

なぜなら、精度の高い長期計画は、短期での目標が達成できて、初めて立てられるものだからです。

ちなみに、起業初期に長期計画はいらないと書きましたが、私は、どんな計画においても、「机上でプランを立てられるかどうか」は大切だと考えています。

誰かが立てた計画に対して、「所詮は机上の空論だ」と揶揄する人もいますが、机上でも立てられない計画は、現実にできないからです。

起業初期の予想は、なかなか思いどおりに当たりません。ですから、当たらないこと、つまり失敗することを大前提にプランを立てることが大切です。

失敗を前提にプランを立てるというと、あまりいい気はしないかも知れませんが、これは「上手くいかないことがあっても問題ない。それで普通である」という意味でもあります。

上手くいかないことを繰り返す中で、少しずつ「ああ、こうやったらいいんだな」と上手くいくパターンが段々見えてきます。

上手くいくパターンが見えてくるまで続ける

大事なのは、そのパターンが見えてくるまで続けることです。ほとんどの人は、それが見えてくる前に諦めてしまいます。

起業初期には、起業して3か月以内〜どれだけ長くても1年以内に達成する目標と簡単な行動計画が立てられたら十分です。

なお、目標を立てる際は、売上や購入・契約いただく件数、あるいは「○人に会う」といったものなど、数値化することだけは忘れないでください。

起業は、どの行動がどんな結果に結びつくのか、本当に未知数です。

特に起業初期は、計画を細かく立てることよりも、思いつくアクションを次々と実践するほうが、成功のチャンスが広がります。

思いもよらぬ人がお客様になったり、お客様を紹介してくれたり、ビッグチャンスがやってきたりします。

そんな風に、何らかのアクションを起こして、その結果をベースに計画を練ることで、結果的に精度の高い経営計画をつくれるようになります。

●まとめ：起業初期に中長期の経営計画は不要。短期の数値化できる目標を立てよう。

7　成功者に学ぶ「モデリング」の落とし穴①

モデリングとは

起業においてモデリングは大切だと、一度は聞いたことがあるかと思います。

起業におけるモデリングとは、成功したいときや特定のスキルを習得したいとき、「自分の理想形のモデル」となる対象を選んでその人の行動を真似ることで、モデル対象のような技術を身につける学習方法のことを指しています。短期間で能力を高め、成功の確率も飛躍的に高めてくれます。

非常に強力な学習方法なのですが、その方法を誤ると、必要のない技術を習得してしまったり、モデリングしてもなぜか技術が身につかなかったりすることがあるので、注意が必要です。

最も注意する点は、誰をモデリングするのかです。

まず、モデルの対象にしたい人自身が、本当に起業して成功しているのかどうかをよく見極めましょう。「起業して成功していない人をモデリングすることなんてあるの？」と思われる方もいるかも知れませんが、残念ながらよくあります。

例えば、「ブログで面白い文章が書ける人」「SNSでいいね！ がたくさんつく人」がいるとします。その際、面白い文章が書けても、集客できているかは別ですし、また、集客できても、その後で購入・契約に繋がらない人をたくさん集めても売上につながりませんよね。これは、「いいね！」も同様です。

つまり、モデルにする対象を誤ると、「せっかくモデリングして、モデルの人みたいな面白い文章が書けるようになったのに、全然集客できない」「いいね！ はいっぱいつくのに、契約には繋がらない」という残念な結果になりかねません。

モデリングの際は、起業して成功している人の中からモデルを探すことを忘れないようにしましょう。

モデリングで得られるもの

売り手側の「この人の文章って素敵だな」「こういうデザインのHPをつくりたいな」というご自身の好みが、お客様の好みであるかというと、これは全く別物です。

残念ながら、売り手の好みとお客様の好みは、かけ離れていることが少なくありません。かといって、お客様に合わせるばかりでは、お客様に振り回されてしまいます。これでは、誰の事業なのかわかりません。

お客様に振り回され続けては、疲弊しますし、自分の独りよがりでは、お客様の心を掴むことはできません。一生愛される起業には、どちらに傾倒しても実現できないものです。

長く成功している人は、例外なく「お客様の感覚」を非常に的確に知っています。

そして、自分の感覚（やりたいこと）と、お客様の感覚（求められていること）の絶妙なバランス感覚を持っています。

成功者をモデリングすることで、このバランス感覚をしっかりインストールしましょう。

●まとめ：既に成功している人をモデリングして、絶妙なバランス感覚をインストールする。

8　成功者に学ぶ「モデリング」の落とし穴②

モデルの成功後の行動は真似しない

既に成功している人をモデルにする際、1つだけ注意して欲しいことがあります。それは、「モデルが成功した後の行動」を真似しても効果は薄いということです。

起業は、スポーツと似ている点がいろいろありますが、例えば、スポーツで「この選手の動きを真似たい」と思っても、いきなりできるかというと、難しいことが大半です。様々な基礎があるから、その特殊なフォームや動きを体現できる、ということが少なくないからです。

また、起業家は、成功者になると、段々「成功者の戦い方」に変わっていきます。

その成功者の戦い方を起業初期からできるかというと、やはり厳しいものがあります。水泳でクロールができないのに、いきなりバタフライをやるようなものです。もしできたとしても、同じような効果が得られることは、まずありません。

成功者をモデリングする際の最大のポイントは、そのモデルが成功する前に遡って、成功する前の行動を真似るということです。

モデリングをしている人はたくさんいますが、ここまでやっている人は非常に稀です。

成功してからの行動をモデリングするのではなく、成功する前の行動をモデリングしましょう。そこに、その人が成功したミソが隠されており、これが本当に真似るべき本質です。

具体的なモデリング方法

まずは、そのモデル対象について、インターネットで検索しましょう。ブログやメルマガ、著書があれば本、SNSの投稿などです。このバックナンバーを遡ります。

成功者の中には、表に出ず、ひっそり成功している人もたくさんいますが、モデルにしたいと思える成功者は、たいていが表に出て活動しています（だからこそ、モデル対象として見つけることができます）。

そして、表にいる成功者は、上記のブログやSNSなどで、何らかの発信をしていることが多い

【図表7　質問は具体的に】

相手に「しっかり読み込んでいる」ことが伝わるように具体的に質問する。

ので、見つけることは難しくありません。

ここで遡っていくと、面白いことがわかります。不思議なことに、途中で投稿の内容や集客の集まり方が変わるのです。

どんな成功者にも、起業1年目の時代があり、いきなり成功したわけではありません。つまり、軌道に乗る「境目」があります。その境目の投稿を探すのです。

そして、その境目をさらに遡ると、「軌道に乗る前にしていた行動」「軌道に乗るタイミングの行動」「成功後の行動」がそれぞれ見えてきます。

これを見つけるだけでも、かなり濃厚なノウハウです。この方法は、少し遡るのが面倒だからか、ほとんどの人がやっていないので、ぜひトライしてみてください。方法自体は、とても簡単です。

さらに、もし、モデル対象と話ができる場合は、インタビューしてみましょう！

ここでは、質問の仕方がポイントです。

「どうやって成功されたんですか？」

と聞くのも貴重な回答がもらえますが、ここではぜひ、

「○○さんのブログをいつも拝見しています！　特に△△のときの記事は非常に勉強になりました。起業初期の△△の時期に、成功のきっかけになった行動や出来事があれば、ぜひ教えてください！」

とピンポイントで聞いてみましょう。

そうすると、具体的な回答が出てきます。質問は、こちらが抽象的にするほど抽象的な回答が返ってきて、具体的に質問するほど具体的な回答が返ってきます。

また、何らかの情報発信をしている人は、「きちんと読んでくれている！」とわかると、本当に嬉しいものです。

まずは、発信の感想を言った上で、ピンポイントで質問しましょう。

●まとめ：成功前の行動を遡り、軌道に乗る境目の行動をモデリングする。

9　Q&A　「モデリングってそんなに大切？」

主な登場人物

・さくら：起業を決めたばかりのOL。大企業に勤めながら起業の勉強中。

・カレン：ネイルサロンや美容院など3店舗を展開するベテラン経営者。

【図表９　カレン：ベテラン経営者】

【図表８　さくら：起業勉強中】

さくら「ふむふむ。成功者のモデリングって大切なんですね。聞いたことはあるけど、実践するなんて今まで考えたこともなかったです」

カレン「そうよね～。〝ロールモデルを探そう！〟って言葉はよく聞くけど、実際は机上の空論というか、現実味のない言葉だと感じている人も多いかもしれないわね」

さくら「今まで、モデルなんていなくても仕事はできたからなぁ」

カレン「さくらがモデリングの必要性を感じなかったのは無理ないかもね。大企業は、人が入れ替わってもしっかり回るように仕組みができているところが大半だから」

さくら「確かに…。そう言われると少し寂しい気もしますが、その仕組みがないと、たくさんの人を転勤や異動にしたら、あちこちで問題が起きますもんね」

カレン「そうね。人の移り変わりや、産休や急な事情で休むことがあっても無事に回るようにつくられているところが、大企業の素晴らしいところの1つよ」

さくら「なるほど～。カレン姉さん、あの、ちょっと聞きにくいんですが…」

カレン「うん？　遠慮なんてしないで、気にせず聞いて！」

さくら「はい！　その～…正直、今までモデリングをしてこなかったので、そんなに大事なのか、実はピンときてなくって…」

カレン「なるほどね。確かに、『やってよかった！』っていう体験がないと、よさがわかりにくいかも」

さくら「そうなんです」

カレン「モデリングの一番のメリットはね、成功に必要な行動を、自然と実行できることなの」

さくら「成功に必要な行動を……自然と実行できる⁇」

カレン「ええ。起業について調べると、いろんな情報が出てきて大変だったでしょう」

さくら「はい。次から次へと情報が出てきて、ちょっと混乱してます」

カレン「そんなとき、モデリングする対象があれば、行動の指標にできるわよね？」

さくら「確かに…」

カレン「いろいろ学んでも、実行できるアクションは限られているわ。使える時間は限られているしね」
さくら「そうですね…。結局、何から手をつけていいかわからなくなって、そのままになってます」
カレン「それは、さくらに限ったことじゃないから大丈夫よ。大事なのは、成功に必要な行動を厳選するってことだから」
さくら「なるほど。モデリングすれば、成功に必要な行動が自動的に選別できるってことですね！」
カレン「そういうこと。まずは徹底してモデルの行動を真似る！　それだけやる！　って考えたら、やることはとてもシンプルになるわよね。あと、モデルは1人に厳選してね」
さくら「どうしてですか？」
カレン「1人の人をモデリングするだけでもけっこうな労力がかかるの。真似できることをしっかり真似して学びきってから、他の人をモデリングしないと、中途半端になるわ」
さくら「〝二兎を追う者は一兎をも得ず〟ってことですね。わかりました！」

10　モニター大作戦！

モニターは見込み客の属性に近い人に依頼

事業を伸ばす基本は、「小さくテストして、売れたものを拡販すること」です。

いきなり大勢に販売するには、その周知のために費用や時間がかかりますし、納品するにもたくさんの費用・時間が必要になります。

多くの場合、実際に販売予定の商品を、無料か有料で見込み客や既存のお客様に使っていただき、感想やフィードバックをもらい、商品改良を重ねてから広く販売します。

このことをテストマーケティング、テスト販売と言います。

テストマーケティングを実施することで、商品のクオリティはもちろん、商品がそもそもニーズを満たすものになっているのか、実際に発売したときに売れそうか、などを実験することができ、リスクを最小限に抑えられます。

テストマーケティングでは、通常、お客様からは聞けない（お客様が言わない）本音が聞けますから、積極的に実施することをオススメします。

モニターは「練習の場」にあらず

テストマーケティングにおいて、商品を使ってフィードバックする人のことを、モニターと言います。

起業初期にモニターを獲得しようとする人は少なくありませんが、ときどきモニターを「数稽古」のように「商品提供の練習の場」として考えている人がいます。確かに、商品・サービスを納品するほど課題が見えるので、「数をこなすこと」自体は大切なのですが、モニターは依頼する対象選びが重要です。

その商品の必要性を感じていない人がモニターになっている場合、本当の見込み客の意見とは大きく異なる可能性があります。したがって、モニターは、実際の見込み客の属性に近い人に依頼しましょう。

具体的には、「見込み客と同じような悩みや近いお悩みを持っているかどうか」ということです。ここが外れると、「納品の練習」にはなりますが、商品をブラッシュアップしたり、実際に売れそうかどうかを確認したりするテストにはなりません。

また、「お金を払ってでも解決したいくらい悩んでいるか」という観点も、モニター選びにおいて重要です。

実際に、見込み客と同じようなお悩みを持っていたとしても、「悩んでいるけど解決するつもりはあまりない」「悩んでいるけどお金はかけたくない」という人もいます。

基本的に、個人や少人数での起業は、「高単価×少人数」でないと成立しにくいので、「ある程度の単価を払ったとしても、解決したいと思っている人」が見込み客で、理想的なモニターの対象ということになります。

モニターは無料・有料どちらがよいか

ちなみに、モニターを依頼する場合は、無料のモニターよりも有料のモニターがオススメです。

極力、予定している通常価格よりは割引した形で、有料で契約しましょう。

そうすることで、「本当にお金を払ってでも解決したいのか？」が明確になりますし、無料モニターと有料モニターとでは、やはりモニター側も納品側も気持ちの入り具合が全然違うからです。

彼らに依頼することで、より「リアルな見込み客のフィードバック」をもらうことができます。

●まとめ：見込み客属性に近い人をモニターにして、お客様が言わない本音を商品に生かそう。

11　どのようにしてモニターを見つけるのか

「モニターの選び方が大事なのはわかったけれど、どうやって見つけたらいいの？」と思われた方もいると思うので、実際にモニターを見つける方法をご紹介します。

方法1：濃いコミュニティーから

まず一番確実なのは、信頼関係のある友人や知人の中から探す方法です。この方法が、最短で、モニターの契約をいただけます。

モニターの獲得には、①モニター候補を探す、②モニター契約をするという2つの壁があり、どちらのハードルも最も低いのが、信頼関係のある方にモニターを依頼する方法です。

全く会ったことのない人は、「どんな悩みを持っているのか」「悩みの深さは」「お金を払ってでも解決したいのか」「どんな人柄なのか」「自分との相性は悪くないか」ということをヒアリングするなどして、一から知る必要があるのに対して、既に関係性のある方は、それらをある程度知った上で提案ができます。知らなかったとしても、その情報を知るハードルは高くありません。

可能であれば、関係性のある人に直接モニターの提案をし、それが難しかったら、人脈が広く信頼できる人に紹介を依頼しましょう。

方法２：１００人ミッション！

もともと顔の広い人は別にして、たいていの人は、家族、仕事関係の人、学生時代の友人、趣味で繋がった友人など、身近なコミュニティーの中で生きています。

このコミュニティーの中から、モニター候補や、その人を紹介してもらえるのが確実ですが、なかなか難しいという人もいるかと思います。

そんな方にオススメする方法が、１００人ミッションです。これは、１００人の人と会うことで、その中からモニター候補を見つけたり、モニター候補を紹介してくれたりする人脈をつくるのが目的です。

私の知る限り、「１００人」「77人」といった、50人以上の人数を目標に、人と会うことを実践した人は、例外なく「キーマン」と出会っています。

このキーマンが、モニター候補だったり、モニター候補を紹介してくれる人だったり、あるいは自分のビジネスを飛躍させてくれるメンターだったりします。

50人～100人に会うというのは、一見大変そうに見えるかも知れませんが、この方法のよいところは、あなたのビジネスの応援者をグッと増やせるという点です。

一生愛される起業が上手くいくかどうかは、応援者の数、そして質で決まると言っても過言ではありません。

ちなみに、すべての出会いを「人脈にしよう」と思わなくて大丈夫です。

相性のよし悪しや、相性はよくてもタイミングがよくなくてしっかり話せなかったり、緊張して恐縮し過ぎてしまったりなど、100人に会えばいろんなことが起こります。

そして、もちろんその逆もあって、意気投合する人との出会いや、「何でそんなに応援してくれるの？」という貴重なご縁も出てきます。

お会いした直後は何もなくても、後日、あるいは数か月～数年後に人生の重要な出会いに変わるケースもあります。私自身、学生時代に出会った方が、数年後にメンターになったり、ひょんなきっかけでお客様になったりした経験があります。

短期的には時間と労力を使いますが、このミッションにチャレンジされた人は、皆さん共通して「かけがえのないご縁がたくさんあった。やって本当によかった」としみじみと口にされます。

●まとめ：濃いコミュニティーから探すのが最短。それが無理でも100人ミッションの人脈から。

第４章　お客様から選ばれるセールス

1　セールス苦手が好きになるセールスの本質

セールスの役割

「セールス」と聞くと、どのようなイメージがありますか？

もし、「セールス＝売り込むもの」「セールス＝嫌がられるもの」「セールス＝ヘコヘコするもの」と感じているのであれば、それはセールスを完全に誤解しています。

ただ、このようなイメージを持ってしまうこと自体は、仕方がないかも知れません。

お客様の立場のときに、売り込まれて嫌な思いをしたり、あるいは会社から「売り込め！」と指導されたり、理不尽なことがあってもひたすらヘコヘコするセールスマンの姿を見たりしたら、「セールスってそういうものなんだ」と思ってしまうのも、無理のないことです。

本来、セールスの役割とは、お客様のお困り事を解決するために、お悩みと、そのお悩みが解決されたあとの未来に「ハシゴをかける」ことです。お客様のお悩みがあり、それを解決する方法として、商品があるとき、この2つを繋ぐ方法がセールスです。

ですから、いらないものを説得したり、断れないように仕向けて売ったりするのは、言語道断です。

売れないセールスマンや嫌われるセールスマンというのは、共通して「商品」を売り込んでいます。本来、売るのは商品ではなく、「解決する方法」や「解決後の未来」です。

【図表 10　セールスとは】

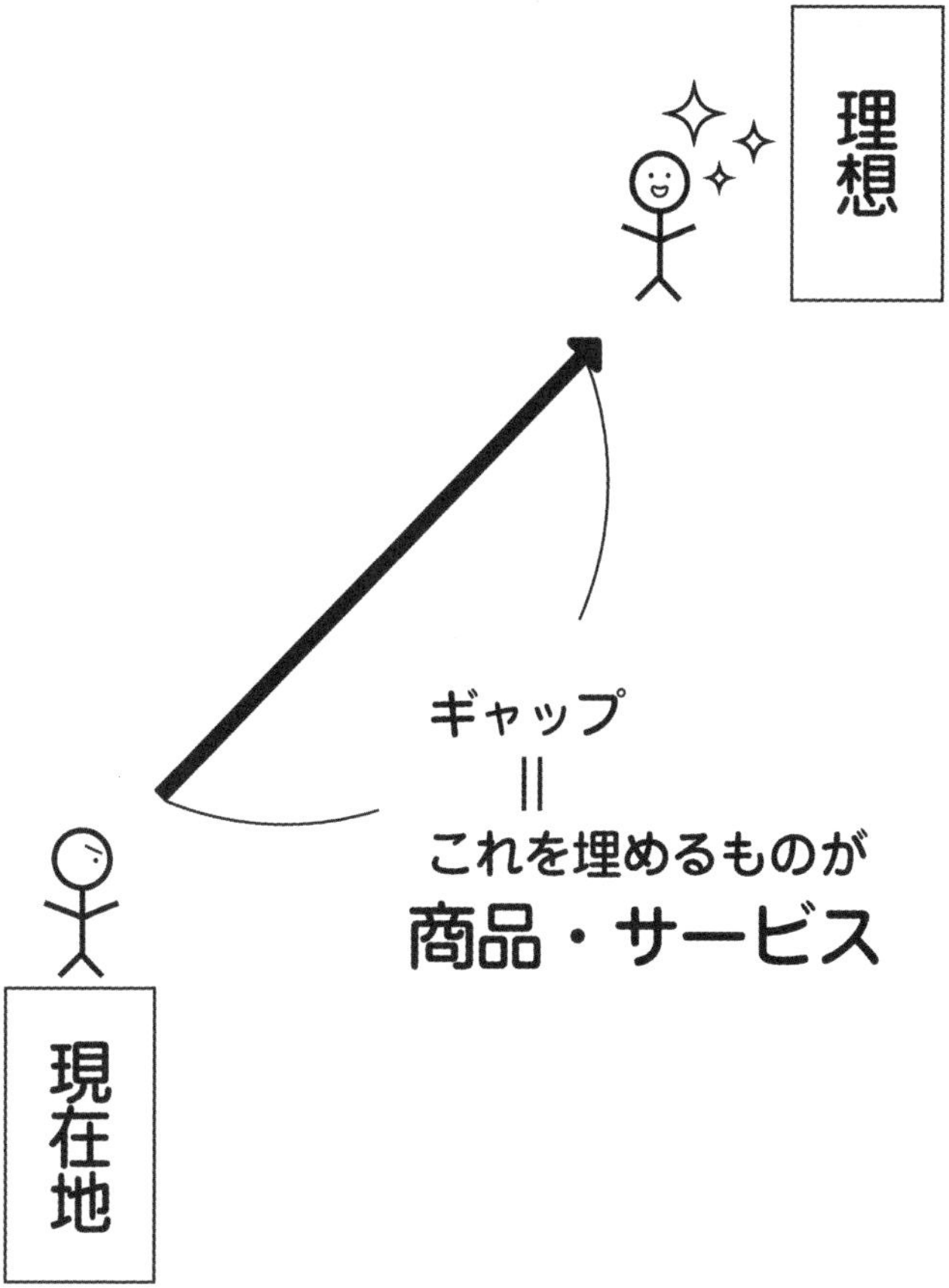

つまり、セールスは、「お客様のお悩みありき」で行われるものなので、そのことをしっかり踏まえておけば、むしろ感謝され、売り込むことや嫌がられることは、起こりようがありません。

本来セールスは、特別なことをしなくても、その本来の役割（ハシゴをかけること）どおりに実践することで、「ありがとう！」「ぜひお願いします！」とお客様に喜んでいただける、大変魅力的な仕事なのです。

●まとめ：セールスの役割は、売込みではなく、お客様のお悩みと解決後の未来をつなぐこと。

2 自然と売れる商品提案の仕方

クロージングの6ステップ

それでは、お客様に「ありがとう！」「お願いします！」と言われるようなセールスとは、具体的にどのような手順なのかをご紹介します。

クロージングは、全部で6つのステップがあります。横文字だけだとわかりにくいので、（　）内にそれぞれの役割・本質を書いておきます。

① ラポール（安全で安心な信頼関係）
② ヒアリング（質問・傾聴）
③ プレゼンテーション（証明・提案）

④　テストクロージング（ニーズの確認）
⑤　デモンストレーション（商品の体感・実演）
⑥　本クロージング（購入・契約の意思決定）

６つのクロージングの役割

それぞれの役割は、これから順番に解説していきますが、大事なのは「順番」です。

料理は、下ごしらえや準備ができているほど、美味しく仕上がりやすいものです。同じ食材、同じ調味料を使っても、手順が違うと全く味わいが変わります。

セールスも同じで、闇雲にやっても上手くいきません。

①　ラポール（安全で安心な信頼関係）

すべての工程の土台にあるのが、このラポールです。

これが最初にあるのは、信頼関係がなければ、どれだけ上手に提案しても契約してはいただけないからです。

もし、ラポールが築けていない状態で次のヒアリングに進んだ場合、「信頼していない人にはなるべく情報を出したくない」と感じる人が大半ですから、まともに答えてもらえません。そして、ヒアリングでお悩みを引き出せていない状態では、適切な提案ができません。

【図表11　６つのクロージングの役割】

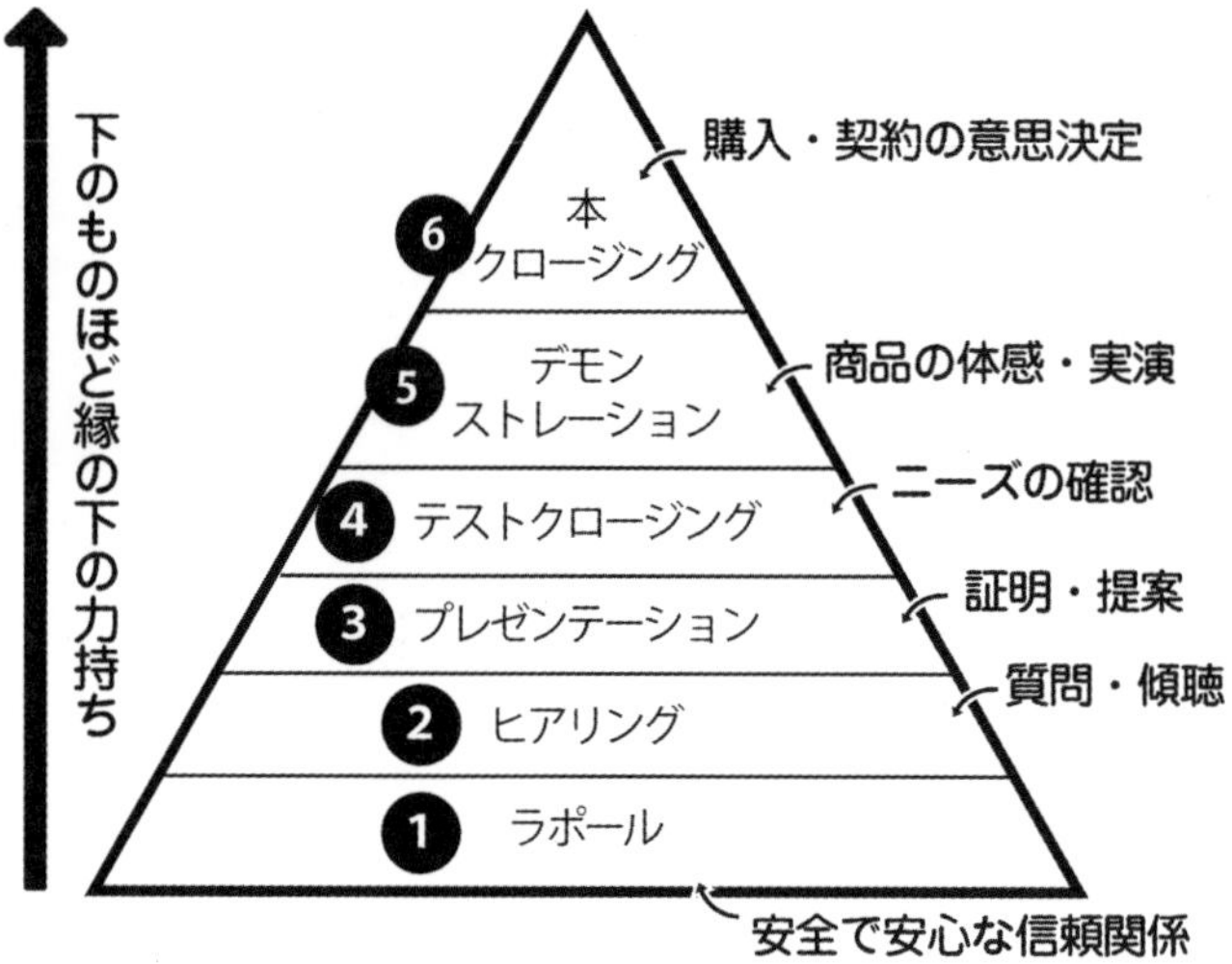

・ラポールにはタイプがある

ラポールは、大きく「人柄タイプ」で築くのが得意な人と、「専門家タイプ」で築くのが得意な人に分かれます。

人柄タイプは、暖かみや価値観、包容力などで信頼されるタイプで、専門家タイプは、経験や実績、豊富な専門知識などで信頼されるタイプです。

もちろん、人柄タイプの人が専門性・経験がない、専門家タイプの人が人柄・価値観がよくないという意味ではありません。

これは、滲み出てしまう雰囲気のようなものです。自然に伝わってしまうものなので、意図的にタイプを変えようとしても、あまり変えられません。

ですから、自分はどちらのタイプなのかを認識して、そのタイプに合わせてコミュニケーションをとることで、自分の強みを活かしたラポール形成ができます。

自分のタイプを知る方法は、過去に周囲からもらった評価やフィードバックを洗い出しましょう。

主に「話やすい、共感してくれる、話を聞いてくれる、指導力やコミュニケーション能力、マネジメント力など数値化しにくいものを褒められる・認められることが多い」人は人柄タイプで、「実力や経験、専門知識、実績など数値化できるものを褒められる・認められることが多い」人は専門家タイプです。

自分のタイプがわかったら、セールスの際に、早い段階で、そのタイプのラポールを築きましょう。苦手なタイプを補うより、そのほうがより簡単に、より早くラポール形成ができるからです。

ラポール形成の一例としては、人柄タイプの場合は、自身の経験談や苦労談、なぜこの仕事をしているのかを伝えたり、相手の苦労話を引き出したりするとラポールを築きやすく、専門家タイプの場合は、実力や経験を資料にまとめたり、実績を名刺に書くなどするのがオススメです。

・ラポールはセールス前に築いておく

セールスは、たいていはあるとき突然始まることはなく、事前にアポイントをとっていたり、予約・申込みをもらった上で行われることが多いので、セールス当日ではなく、事前にラポールを形成するように心がけましょう。

事前にラポールを築く方法は、例えば、前述したラポール形成の方法を資料や動画・音声などにまとめたり、ブログに書いたりして、これらを「事前資料」としてお客様にメール、または郵送します。一度つくってしまえば、後はメールや郵送するだけなので、ぜひ取り入れてもらえたらと思います。

これはあくまで一例に過ぎません。大切なのは、「事前に自分や自社について知ってもらうこと、触れてもらうこと」です。これを丁寧に実施することで、セールス当日には、既にラポールが築けている状態をつくることができます。

・セールス当日にできる簡単なラポール形成術

ラポール形成において、セールス当日に、簡単にできる方法を2つご紹介します。人には、自分と似たものに好感を持つという「類似性の法則」があり、これをラポール形成に活用したものです。

・オウム返し：お客様の言った言葉をそのまま真似して言うこと。

・ミラーリング：相手のしぐさや行動などを鏡のようにして真似をすること。

ラポール形成は奥が深く、「これさえやればラポールが築けます」というものはありませんが、間違いないのは、お客様からどう思われるかを過度に気にしたり、「何とかして売らないと！」と売り込もうとしていたり、自分に矢印が向いている状態では、ラポールは築きにくいということです。

もし、ラポール形成に苦戦したら、次のことを思い出してください。

「自分の役割は、お客様のお困り事が解決するようにハシゴをかけることだ」と、本来のセールスの役割を思い出して、そこに集中しましょう。

ラポール形成で最も重要なのは、真摯さです。これが伝われば、話し下手でも、多少たどたどしくても、お客様とのラポールは築けます。

②　ヒアリング（質問・傾聴）

ラポールが築けたら、お客様に質問をしていきましょう。

よく「セールスは話し上手より聞き上手」と言われますが、このヒアリングがしっかりできているかどうかで、契約率が決まるといっても過言ではありません。

ヒアリングの役割は、お客様の解決したい課題を明確にすること、そしてそれを解決してどうなりたいのかをイメージしてもらうことです。

大半のお客様は、「自分の悩み」が明確になっておらず、漠然と悩んでいることが多いです。

・お客様をおいてけぼりにしない

売り手がよくやってしまう失敗は、ヒアリングをあまりせずに、お客様をおいてけぼりにして、すぐに商品提案へ進んでしまうことです。

売り手は、その商品・サービスの専門家なので、お客様の話をおおよそ聞けば、「解決すべきポイント」

がわかってしまうことは少なくありません。専門性の高い仕事ほど、この傾向は強くなります。

ですが、売り手がお客様の解決すべき課題をわかった（と感じている）段階では、お客様は、まだ、解決すべき課題に気づいていないことがほとんどです。

・ヒアリングが成功したかはお客様の表情・声音でわかる

ヒアリングで聞くことは、「お客様は何を悩んでいるのか」、「なぜ悩んでいるのか」、「どうなりたいのか」、「そうなることはなぜ重要なのか」です。

これらを深彫りすることで、課題が明確になりますし、解決後にどうなりたいのかイメージが湧いたら、お客様の表情はどんどん明るいものに変わっていきます。

誰しも、悩みが漠然としているときはモヤモヤし、それが明確になるとスッキリしますし、「こうなりたい」という未来が鮮明にイメージできるほど、解決したい気持ちで一杯になります。

ヒアリングを丁寧に実践すると、お客様の表情や声色がどんどん変わっていきますから、この変化が感じ取れたら、ヒアリングは成功です。

中には、変化がわかりにくい人もいますが、姿勢が前のめりになったり、目が大きく開かれたりと、小さな変化は必ずあります。

セールスに慣れるまでは、「何を聞くのか」に集中してしまい、なかなかお客様の様子を見られないことも多いですが、場数をこなすことで、段々とお客様の様子をしっかり伺いながら、ヒアリングに集中することに慣れていきます。

③　プレゼンテーション（証明・提案）

ヒアリングができたら、次にするのは、「その課題は解決できますよ」と伝えることです。ここで、初めて商品の話が出てくるのですが、行うのは「商品説明」ではありません。

プレゼンテーションというと、「商品を丁寧に解説するもの」と捉えている人も多いかもしれませんが、プレゼンの目的は、「これなら悩みが解決できそう」と期待感を持ってもらうことにあります。

ヒアリングが終わった段階で、お客様は、「解決したい悩み」と「理想の未来」が明確になった状態にあるので、このときのお客様の関心事は、「これは解決できるのか？」という1点にあります。

・お客様に期待感を持ってもらうために

プレゼンテーションでは「商品は何か」という話をするのではなく、「そのお客様の課題と似た課題や同様の課題を解決した事例」や、事例がない場合は「どうすれば解決できるのか」「なぜ解決できると言えるのか」という理由や根拠を伝えましょう。

このとき重要なのは、説得・力説しないことです。これは、すればするほどお客様の明るかった表情が硬くなります。時々、こちらの解説が本当かどうか、粗探しをされることもあります。

プレゼンのゴールは、あくまで「お客様に期待してもらうこと」であり、論破することではありません。

もし、お客様の反応や様子が今1つなら、「何か気になる点はありますか？」と確認しましょう。不明なところや気になるところがあると、そのことに気を取られてしまい、売り手の話が頭に入っていきません。ヒアリングと同様に、お客様のテンポに合わせることが大切です。

④　テストクロージング（ニーズの確認）

・テストクロージングのメリット

この工程は、簡単な方法ながら「いらないものを売る・売られる」というリスクを排除することができるので、実施することで売り手にも買い手にも大きなメリットになります。

後のステップの本クロージングは、お客様が「商品を購入・契約するかどうか」を意思決定する段階ですが、これだと「ＹＥＳ」か「ＮＯ」の二択になり、2分の1の確立で断られることになります。

人は、変化を怖がる生き物なので、このことをよく理解した上でセールスをする必要があります。

人間は、暑くなったら、体は勝手に汗をかいて体温調整をするようにできていますが、これは、「これまでと同じ状態を保てば、明日も生きられるだろう」という人間の防衛本能が働くからです。

この働きをホメオスタシスと呼びます。ホメオスタシスのおかげで、不調になっても調子を整えることができるのですが、反面、これがあるからこそ人間は変化を嫌うという側面もあります。

ですから、いきなり「はい、今すぐ買うかどうか決めてね！」と迫ると、お客様にとって強いストレスとなります。「少なくとも、買わなければお金もかからないし、安全だ」と判断されやすいのです。

そこで、テストクロージングで事前にニーズの確認をするのです。

・テストクロージングですべきこと

具体的には、「商品に興味はありますか」「もし課題が解決されるなら買いたいと感じますか」という2点を確認しましょう。

たいていは、「商品には興味がある」「できれば買いたい」という回答をもらえます。この回答をもらうことで、「私はその商品が欲しい」とお客様が認識されます。ニーズを認識することで、これ以降のセールスの工程を、より前のめりに熱心に受けてもらいやすくなります。

また、「商品に興味がない」「買いたいかわからない」という回答の場合は、その理由を聞きましょう。「私に使いこなせるか不安」「費用次第だから」など、様々な回答があるはずですが、ここでは、質問に寄り添った上で、ニーズの確認を忘れないでください。

「もし問題なく使えたらいかがですか？」「もし費用面での問題がクリアできたらどうですか？」といった具合に、その問題が解決されたらニーズがあるのかを聞いてみましょう。

多くの場合、「それなら欲しいよ」「それだったら買いたいよ」といった一言が返ってきます。

そして、この時点で本当にニーズがない（商品・サービスに興味がない、買う気がない）場合は、もちろん商品を売らなくて大丈夫です。

いらない人に売るから、嫌がられ、「売り込まれた！」と言われるのです。

⑤ デモンストレーション（商品の体感・実演）

これは、スーパーなどでよくある「試食コーナー」の役割のことです。

高品質で値段の安くはない食材ほど、試食が盛んに行われます。良質なものでも、単価の高い食材を買うのは勇気がいりますから、実際に試しに食べてもらい、「これはお金を払ってもいいかも」と感じてもらうことが狙いです。

ちなみに、試食以外にも、リフォームの内覧会や洋服の試着、化粧品のサンプル提供などもデモンストレーション（以下、デモ）の一種です。

パンフレットなどの情報だけでは、品質の高さや効果性が伝わりにくい商品ほど、デモとの相性は良好です。業種業態によってはデモは入れられないかも知れませんが、可能な限り取り入れましょう。

デモにおいて重要なのは、「商品のよさを体感してもらうこと」にありますので、当然ですがよさのわかりやすいものを用意しましょう。

・商品のよさを体感してもらうコツ

例えば、ハンドクリームなら、「少量でも凄く伸びるんですよ」とか、ソーセージなら「食べた瞬間、ジュワッと肉汁が溢れます」といったように、「体感するコツ」を伝授しましょう。

そうすることで、初めて「あ、ホントだ！」と商品の美点に気づいてもらえることは多いです。

常連のお客様は、何も言わなくても商品の美点に気づいてくれますが、そうでない方は、何も言わないとよさに気づいてもらえないことも多いです。常連や専門家でない方に「これはお金を払っていいかも」と感じてもらうことが狙いなので、美点に気づいてもらえる一言を添えましょう。

⑥　本クロージング（購入・契約の意思決定）

いよいよセールス最後の工程、お客様に、購入・契約をするかどうかを決めていただく段階です。

本クロージングに入ると、費用の話になりますから、これまでニコニコしていたお客様の表情が、真剣なものに一変することは少なくありません。

こちらがビックリするくらい購入・契約を即決する人もいれば、しばらく頭を抱える人もいます。

前者の場合は、そのまま購入・契約手続に入りますが、後者の場合は、頭を抱える理由を聞いて、一緒に解決方法を考えましょう。

「一緒」にというのがポイントです。

ヒアリングで明確になったお客様の「解決したい課題と、その先にある理想の状態」は、売り手と買い手の「共通ゴール」です。

売り手の役割は、その共通ゴールに向かって一緒に走る（伴走する）ことにあります。ですから、お客様が頭を抱えているときは、その悩みを丁寧に聞いて、どうすればそれが解決できるかを一緒に考えましょう。お客様の不安や懸念を解消できれば、無事購入に繋がります。

・お客様の抱く代表的な不安・懸念

その１：「高い」「支払えるか不安」

これはセールスで最も多いお悩み文句の1つです。

しかし、断り文句ではありません。「高い」と言われたとき、何もしないと、もちろん購入・契約にはなりません。

こういうときは、「月々、いくらくらいならお支払いできそうですか?」とやんわり聞いてみましょう。一括での購入が難しい場合、分割でなら支払えることは多いので、それを計算しましょう。

費用に限らず、お客様の不安や悩みは、ほとんど漠然としたものであることが多く、実際に「毎月○円の支払いなら買える」と行動が具体的になるだけでも、不安が解消されるケースは少なくありません。

その２：「大丈夫?　私でも使える?」「ちゃんと効果ある?」

これは、性能のよさを引き出せるのかや、商品の効果効能に対する不安・懸念です。

ここで、第2章の「お試し期間」「特典・保証」をお伝えしましょう。お試し期間で「使いこなせるか」と「効果効能」を確認できます。

既に「お試し期間」「特典・保証」を伝えている場合も、再度伝えましょう。1度聞いただけでは、そのことを忘れてしまうことも多いので、「あ、そんなものもあったね。これならリスクもないんだし、お願いします」と契約に繋がりやすくなります。

お客様のお悩みに寄り添う際、一番大切なのは、お客様が商品・サービスの購入を悩むということは、「商品の先にある未来を手に入れたいからだ」ということを忘れないでくださいね。お客様の不安や懸念を解消できれば、無事購入に繋がります。

3　断られる可能性が高いと感じたときの秘策

もし、「今回のセールスは、まだ商品の価値に気づいてもらえていない。おそらく断られるだろう」と感じたときは、セールスを保留するという方法もあります。

例えば、告白した際に、その相手が「ＹＥＳ」とも「ＮＯ」とも言わず、悩ましい反応をしていたとします。

このとき、相手に決断を迫ると、２分の１の確率で断られます。

そして、１度断られたが最後、その決断が覆ることは滅多にありません。

１度ＮＯと決めると、それ以降のやり取りは「その選択は間違いだ」という「説得」をすることになるので、ここから「ＹＥＳ」を引き出すのは非常に困難です。

ですから、告白したとき相手が決めかねている様子なら、「あと何回か会ってみない？」という

【図表12　保留のメリット】

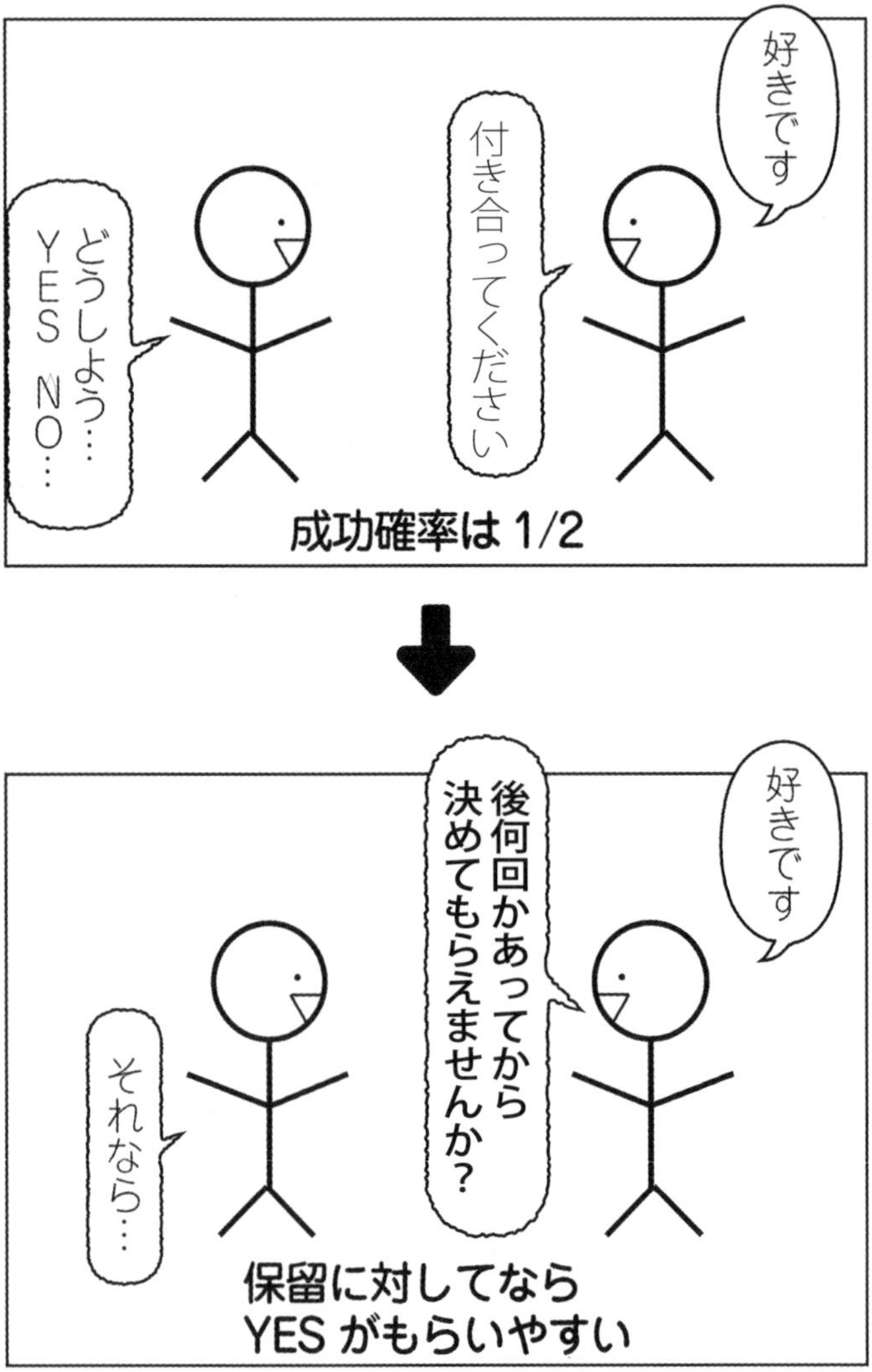

第3の選択肢を出すと、それに対して「ＹＥＳ」をもらえる可能性が高いです。なんだか恋愛講座のようになってしまいましたが、これが保留を提案するメリットです。買うか買わないかは決めていただかずに、例えば、商品を体感できる別の機会をつくって、そちらをご招待するなどしましょう。

●まとめ：まだ価値を感じていないお客様には、ＮＯを引き出さずに、保留を使う。

4　契約にならなかったときの必殺技

残念ながら契約に繋がらなかったとき、何も言わずそのまま終わっては、もったいありません。ぜひ、次の一言を伝えてみてください。「周りで、きょうの内容にご興味のありそうな方はいらっしゃいますか」と紹介を依頼してみましょう。

意外に思うかも知れませんが、案外、「誰かいるかな？」と、一生懸命考えていただけます。お客様からすると、提案を断っている状況なので、2回も連続で断るというのは難しい心理状態なのです。セールスでは、第1に契約・購入いただくことを目指し、それが難しい場合は紹介に繋がるようにしましょう。

紹介をお願いするときのコツは、普段よりも倍くらいのテンションで話すことです。断られて多少なりと凹んでいるはずで、お客様も「申し訳ないな」「悪いことしたかな」と感じている方も少なくありません。

そのテンションで紹介の依頼をすると、ローテンションな声になってしまい、それをお客様に感じ取られると、罪悪感を感じさせてしまいかねません。声がけをするときは、「テンションは倍くらい」と覚えておいてください。

そのくらいを心がけると、断られた直後でも、明る過ぎず暗過ぎない声音に落ち着きやすいです。

●まとめ：セールスにつながらなくても、紹介につなげる。テンション高めで！

5　受注売上と入金売上を分けて考えよう

飲食店や美容室、物販や通販といった、ほぼ即金（その場で支払いが完了するもの）のビジネスの場合は別ですが、支払いが分割や「売り掛け（商品・サービス提供後に料金を請求すること）」になるビジネスの場合は、受注したものの、入金売上が低いというケースは少なくありません。

受注は注文が入った時点のことで、注文が入ってから入金されるまでに時間がかかるほど、キャッシュフローは苦しくなります。こういう場合に、黒字倒産（黒字にもかかわらずお金のやり繰りがつかずに倒産すること）が起きます。

受注してから入金までにタイムラグがあることも気をつける点ですが、それ以上に、そもそも入金されないリスクがあるということを押えておきましょう。

ビジネスは信頼関係で成り立っているものですが、初めての取引はどの会社も慎重になります。お仕事のご依頼をいただけることは、本当に、本当にありがたいことなのですが、お客様にもいろんな方がいます。

「この方がお客さんに来てくれて、うちはなんて幸せなんだろう！」と思えるお客様もいれば、頭を悩ませるお客様もいる、という起業家が大半です。

もちろん、極力そんなことはないように、お客様をよく観察しているでしょうが、ときには、「なんて素敵な人なんだろう！」と感じた方が、後日「あれ？」「悪い人ではないんだけど…」と印象が変わるということは、よくあります。

そのくらいならいいのですが、急にクレーマー化する人もいます（クレーマーほど、最初に自分がクレーマーであることを上手に隠します）。

ですから、軌道に乗るまでには、特に「見込み客がいてくれるありがたさ」は、痛いほど身にしみますが、同時に気をつけなくてはいけません。

納品後、支払いの段階で急に連絡がとれなくなったり、分割払いの途中から支払いがなくなったりするリスクがあるからです。

怖がらせたいわけではないので、とにかくビジネスで大事なのは、書類上の売上ではなく、「現金売上」だということを覚えておいてください。

●まとめ：セールスで契約が決まったら、入金率と入金未回収に気をつけよう。

6　入金率をアップし、使える手元のお金を増やす——入金未回収のリスク対策

具体的な入金率アップと、未入金を防ぐための対策は、次の4つです。

①　一括入金、あるいは一部前払い制にする
②　少額や小ロットでの契約にする
③　クレジット決済にする
④　口座振替や自動引き落としにする

①　一括入金、あるいは一部前払い制にする

まずは、可能な限り、一括入金のご契約をいただきましょう。それが難しい場合は、費用の半分から一部を着手金という形で前払いでいただく方法もあります。

「お金がない」と言っている人の中で、本当に手元にお金がない人は一握りです。購入・契約を「お金がないから」と渋っていた人が、いざ購入・契約を決めると、一括入金を選ぶ人は少なくありません。

つまり「お金がない」というのは、「あなたの商品・サービスに払うお金は、今はない」という意味であることが、少なくないのです。

これは、逆に言えば、価値が伝われば一括でも入金されるということです。できるだけ、一括入

金だと割安になる、サービスが手厚くなるなど、明確なメリットがあると選ばれやすくなります。

② 少額や小ロットでの契約にする

これは、最初は少額の取引から始めるという方法です。

もちろん、高単価の商品を買っていただけるとありがたいですが、リスクを軽減する目的で、低単価の商品から取引して、信頼関係を積み重ねるというのがこの方法です。お客様に「この人から買って大丈夫かな？」といった不安がある場合は、安心して選ばれやすいというメリットもあります。

③ クレジット決済にする

少し手間ですが、導入できると便利なのがクレジット決済です。手数料がかかりますが、それでも「その場で決済ができる」のは、大きなメリットです。

人は、気まぐれなもので、猛烈に買いたかったものが、数時間や1日で、「あれ？　そんなに買いたかったっけ」「買わなくても、まぁいっか」と変わることは珍しくありません。

「そこまで買いたいと思ってない人は、買わなくていいよ」と思う人もいるかも知れませんが、お客様の中には、多忙過ぎて「必要だけども、忙殺されて買うことを忘れた、優先順位が下がってしまった」という人や、「本当は欲しいけど、買うのが怖くなってしまった」という人もたくさんいます。

ですから、欲しいと思ったその瞬間に買えるシステムがあるというのは、やはり強力です。

審査を複数社に出せば、どこかでは通ります。根気強く申請してみてください。

④ 口座振替や自動送金サービスを利用する

お客様の利用している銀行など金融機関の口座から、自動で一定金額を引き落とす方法です。「初めての取引」でいきなりこれを選んでいただくのはなかなか難しいので、この方法は分割払いを希望された方に、選択肢の1つとしてご紹介するのがオススメです。

口座振替や自動送金サービスというと、難しそうと思われるかも知れませんが、ご利用中の銀行窓口で「口座振替申込書」をもらい、お客様に記入・捺印いただくだけです。銀行によっては、WEB上に資料があったり、WEBだけで手続が完結するところもあります。

この方法のメリットは、引落としの金額と期間を最初に設定できるので、1度この引落とし契約を選んだ場合、よほどお客様の財政が苦しくなったり、お客様との関係性が悪くなったりしなければ、安定的に入金されるという点です。

それに伴って、「入金されるかな」と不安になって口座をチェックすることや、入金されていない場合に催促する手間もほぼなくなります。

もしかしたら、入金が安定すること以上に、このことのほうがもっと大きなメリットかも知れません。「例え少額でも、長くご利用いただける」というのは、息の長いビジネスにするためにも大切な要件です。

この支払方法のお客様が増えると、入金率は非常に安定しやすくなります。

起業初期は入金率よりも購入・契約率を優先

さて、いろいろと入金率アップや未入金へのリスク対策を書きましたが、起業初期は入金率よりも、購入・契約率を優先してください。起業初期は、リスクをとらずに機会損失を起こす（この場合は契約を逃す）ことのほうが、後々リスクになります。

多少はリスクを負ってでも購入・契約を多くいただいて、「ちゃんと提案すれば購入してもらえる」「高単価でも契約してもらえる」という体験や、商品提供をして思い切り喜ばれること、怒られること、クレームを言われるなど、様々な体験を積みましょう。

リスクをとった結果、売上が回収できないこともあるでしょうが、それも必ず財産になります。

受注がないと入金もされませんから、まずは受注をいただいて、そして少しずつ入金率を高める対策を取り入れていきましょう。

7　キャンセル率を下げる！　簡単秘策

キャンセルする顧客心理を知る

お客様にとって、本当は不要であったことが後からわかった場合や、やむを得ない事情がある場合は別ですが、そうでない場合の契約後キャンセルは大変もったいないことです。

例えば、ある月の目標契約件数が5件のとき、キャンセルが0件なら5件の契約で目標は達成されますが、キャンセルが2件あると契約は7件いただく必要があります。

「たった2件じゃないか」と思われるかも知れませんが、この差はとても大きく、合計の契約件数は同じでも、労力のかかり方がまるで変わってきます。

このように、キャンセルが起こらないように行動することを、キャンセル対策と言います。キャンセル対策をするためには、まず、お客様はなぜキャンセルをするのかという顧客心理を押えましょう。

契約・購入後のお客様の心理

お客様は、欲しくてたまらなかった商品を購入した場合を除いて、たいていは「本当に買ってよかったのかな?」と不安になります。

多くの場合、1度購入すると決めたら、「買って正解だった」「よい買い物をした」「大丈夫、自分の選択は間違っていない」という気持ちになるのですが、やはり同時に「よかったのかなぁ」と不安も感じています。このときの気持ちは、非常に繊細で、不安が「大丈夫」の気持ちを上回ると、キャンセルにつながる可能性が高くなります。

ですから、キャンセル対策が成功するかどうかは、いかにお客様に「大丈夫」と安心していただける機会をつくるのかにかかっているということです。

キャンセル対策１

契約を決められたら、改めて、お客様が契約した経緯やどんな未来が欲しいのかをイメージしてもらいましょう。

お客様が契約する理由は、基本的に「解決後の未来」が欲しいからです。その通過点として商品を購入されているわけですが、契約をする際にはそのイメージが薄れていることがあります。

契約という事務的な手続をすることで、お客様の気持ちが冷静になったり、あるいは緊張したりして、「解決後の未来」が頭から消えてしまうことは少なくありません。

人は、すぐに忘れる生き物なので、このまま放置してしまうと、ふと「何で契約したんだっけ？」と思ったとき、なぜなのか理由がすぐに浮かばないことがあります。そこからキャンセルに繋がるというわけです。

ですから、ヒアリングで聞いたお客様の悩みと理想の未来をここでお伝えしたり、改めてご本人に語ってもらいましょう。そうすることで、「契約した」という事務的な情報ではなく、「契約した理由や背景」がお客様の頭の中に残った状態で契約を終えられます。

最後に抱いたイメージが、商品・サービスの全体の印象を決めてしまうことは少なくありません。

例えば、飲食店に入ったとき、どれだけ美味しい料理で、素晴らしいサービスを受けたとしても、退店時に「ありがとうございました」といった声かけが何もなく、無表情のままドアを開けられ、ぶっきらぼうにと閉じられたら、「美味しかったのに、なんだかなぁ…」と最後の印象のほうが強く残ります。

契約手続の後は、そのまま解散せずに、再度「解決後の未来」をイメージしてもらいましょう。

キャンセル対策2

次回のアポイントを入れておきましょう。

セールスは恋愛と似ているとお伝えしましたが、キャンセルでも同じことが言えます。

例えば、男性が好意のある女性にアタックして、女性も段々とその男性に惹かれていったとします。そして、ついに告白して、晴れてお付合いが始まったら、ぱったり男性から連絡が来なくなり、次回のデートも決まっていなかったら、女性はどう感じるでしょうか。

きっと、「あれ、本気だったのかな？」「私、もしかして大事にされてない…？」と不安を感じます。

長く仲睦まじいカップルでいるためには、当然ですが、付き合う前ではなく、付き合った後の振舞いが重要です。「放っておかれている」と感じる時間が長いほど、その不安は大きいものになります。

そうならないように、次回いつ会うのかというデートの約束を入れたり、マメに連絡をしたりするというのが、キャンセル対策でいうところの「次回のアポイント」にあたります。

契約は、緊張を伴いますから、売り手だけでなく、お客様もエネルギーを使います。契約後、お客様の頭は情報でパンパンになっていることが多いので、納品の流れや詳細な手続などを、すべて契約後に説明しても、右から左になりがちです。

契約と納品以降の細かい手続の打合せを別にするなどして、次回会う約束を決めましょう。もし、次回のアポイントがとれない場合は、お客様とマメに連絡をとるようにしましょう。

●まとめ：契約後に、再度「解決後の未来」をイメージしてもらい、次回のアポを入れる。

8　お客様が商品を欲しくなる流れ

ヒントは「お祭り」にある

お客様は、どのような流れで商品を欲しいと感じるのでしょうか？　ヒントは「お祭り」にあります。

お祭りでは、「何を買おうかな」と言うように、お財布を持って歩いている人を見かけることがあるのですが、これは非常に珍しい光景ではないでしょうか。

なぜなら、何を買うかは別にして、既に何かを買うとは決めているからです。

通常、お客様は、できるだけ「ものを買いたくない」「お金を使いたくない」という人が大半です。ですから、ちょっとでも「商品感」が出ているものは、その時点で警戒されてしまいます。

商品感とは、「これはお金がかかるものだ」という匂いを放つものの造語ですが、商品が売れないときは、この商品感が出過ぎていることが少なくありません（もちろん、実際に匂いはありません)。

「お金がかかる」と警戒されている状態では、当然ですがお客様は心を開いてくれません。その胸中は「売り込まれないか」「変な商品じゃないか」といった不安や疑いで一杯です。

そんな状態では、どれだけお客様の悩みを解消できる素晴らしい商品・サービスがあったとしても、買ってもらえませんよね。

商品を欲しいと思っていない人に、いきなり商品を紹介しても煙たがられてしまいます。

では、どのような流れであれば、「商品感」が出ても嫌がられず、むしろ欲しがられるのかというと、大きく次の3つのステップに分けられます。

商品が欲しくなる3ステップ

・ステップ① 悩みを自覚する
・ステップ② 悩みの解決方法があることを知る
・ステップ③ 解決方法＝「この商品だ」と認識する

① 悩みの自覚

お客様は、例え自分の悩みがスッキリ解消される商品・サービスがあったとしても、いきなり「腕だけ痩せるダイエット商品があります！ それは〜」と話しても聞いてくれません。

【図表 13　商品が欲しくなるステップ】

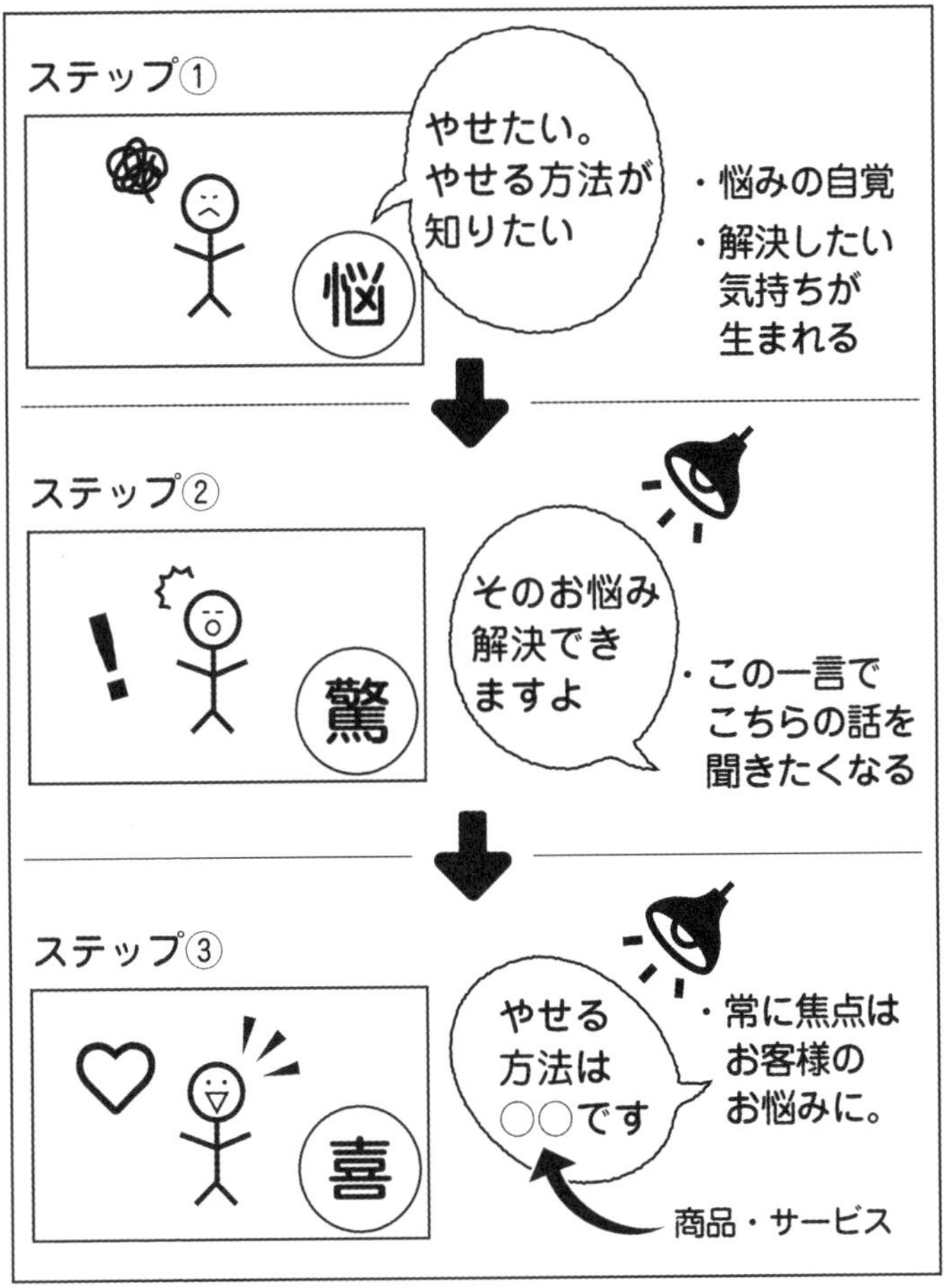

お客様の「お悩み」と「商品」にハシゴをかけよう！

それこそ「商品感バリバリ」ですし、何よりお客様は、自分で自分の悩みを正確に把握されていないことが多いからです。ほとんどの場合、お客様は、何となくぼんやりと悩みを感じています。「痩せたらいいなぁ」「英語が話せたらいいなぁ」といった感じです。

これが、明確に「◎月×日までに○キロ痩せる」と決まっている場合、お客様は既に行動を起こしていることが大半です。解決のために、何らかのサービスを探して購入していることも多いです。可能であれば、そういった強い目的意識を持つ人を見込み客にしたいところですが、そういったお客様は少数で、起業初期は、強い目的意識の人とは出会いにくいものです。

目的意識が強い人ほど、しっかり吟味して、商品・サービスを購入する傾向にあるので、起業初期にセールスをするには、少々ハードルが高い見込み客層でもあります。

ですから、起業初期は、この層のお客様よりも、明確にはなっていない悩みを抱いている層の人を見込み客にするのがオススメです。

そして、悩みをしっかり聞いて、お客様自身に、「悩んでいたのはこれだ」と気づいてもらいましょう。人は、悩みを自覚することで、初めて解決する必要性や、「解決したい」という欲求が湧きます。悩みがぼんやりしている状態では、いくら商品・サービスの話をされても、お客様は興味を抱けないのです。

② 悩みの解決方法があることを知る

お客様が悩みを自覚されたら、次は、「その悩みは解決できる」と知っていただきましょう。

ポイントは、「お客様のその悩み」で、ここでいきなり商品説明に入るということは、「この商品」を売ろうとしているアクションになります。つまり、売り手が売りたいものを、お客様に売ろうとしている状態です。

お客様の興味は、売り手が売りたい「商品」ではなく、「自分の悩み」にあります。お客様に商品を欲しいと感じてもらうには、お客様の「お悩み」と、売り手が売りたい「商品」にハシゴをかける必要があります。

ここでは、「そのお悩みは解消できます」「そのお悩みを解消する方法があります」と伝えましょう。この一言があることで、初めて解消法である商品に興味を持ってもらえます。

③　解決方法＝「この商品だ」と認識する

この段階で、初めて商品が登場しますが、ここでもスポットライトが当たるのは、あくまで「お客様の解決したいお悩み」です。商品の話といっても、商品説明を1から10までする必要はありません。これをすると、途中で煙たがられたり、眠たそうにされたりします。

ここでは、お客様のお悩みに関連する情報だけを厳選して出しましょう。

例えば、美容院を経営していて、「カラーやパーマで髪が痛んでいる（悩み）」「ツヤツヤにしたい（欲求）」を持っているお客様が来店されたとします。

解決方法の1つとしてトリートメントがある場合、トリートメントの種類や効果・効能の説明をすべてする必要はないということです。

では、どのように商品の話をすればいいのかというと、主語をお客様のお悩みにして、さらに商品説明をする許可をとれば大丈夫です。

「カラーやパーマでダメージを受けた髪をツヤツヤにする方法は（お悩みが主語）、○種類あります。ご紹介してもよいでしょうか？（許可）」といった具合ですね。

不思議なもので、この許可を得ているかどうかで、同じ話をしてもお客様の聞く姿勢が違います。許可をとることで、それまで「興味のない話」に分類されていたものが、「聞くことを承諾した話」になるからか、多少長い話でも興味を持って聞いていただけるのです。

●まとめ：悩みを自覚する→悩みの解決方法があることを知る→解決方法＝「この商品だ」と認識する。

9　見込み客がお客様になる具体的アプローチ手順①

見込み客にアポイントをとる

まずは、見込み客に会うことが必須です。見込客と思える人にアポイントをとりましょう。

アポイントの名目は、「無料○○相談会」「無料○○診断」「○○に関するお悩みを聞かせてください」などで大丈夫です（○○には、「メイクアップ」「リフォーム」など、ご自身のビジネス内容を入れてください）。

SNSやブログを活用している人は、使っている媒体でこれらを実施・開催することを告知をしましょう。

このとき、セットで、「あくまでお悩みを伺う場です。商品を売り込みません」と一言伝えましょう。「久しぶりに会ったら、急に商品の売込み・勧誘をされた！」という経験は、社会人になると一度はしたことのある方も多いので、売り込まれないか警戒する人は少なくありません。

その警戒心を解いていただくために、さきほどの一言は忘れず添えましょう。もちろん、見込み客に会う狙いは、ヒアリングをすることなので、実際に売込みをしてはいけません。

「ただの相談会って、そんなのにお客様は来るの？」と思われるかも知れませんが、「〇〇」にお客様の興味・関心のあるキーワードが入っていればお越しになります。

もちろん、「一方的にお悩みを聞かせてください」だけでは、お客様に参加するメリットが伝わらないので、お悩みを解消するためのアドバイスや情報などが得られることを明記しましょう。

例えば、ファッションや美容系の仕事の場合、よくある悩み・欲求は、次のようなものが挙げられるかと思います。

「年齢に応じた服装がわからない」「以前の髪型が似合わなくなってきた気がする」「結婚式やパーティー用のメイクを知りたい」などです。

そんな方へ、「ご相談会では、お悩みを伺った上で、あなたの体型に合わせて、似合う服装や、逆に似合いにくい色合い、髪型などをワンポイントアドバイスをさせていただきます！」といったご提案をするイメージです。

すると一定数、「売込みされずに、無料で相談に乗ってもらえるなら、とりあえず参加してみようか」と感じるお客様が申し込まれるという寸法です。

10 見込み客がお客様になる具体的アプローチ手順②

ヒアリング当日の流れと具体的アクション

当日のマスト事項は、お客様のお悩みを知ることと、次回のアポイントをとることです。

まず、具体的なヒアリング項目としては、次のものがあります。

- 「現在、○○について悩んでいること、困っていることは何ですか？」
- 「そのことで悩むのはどんなときですか？」
- 「その悩みを解消するために、実施されたアクションがあれば教えてください」
- 「そのお悩みが解消して、どんな状態になれば理想的ですか？」
- 「どんなサービスがあったら嬉しいと思いますか？　例えば、このようなサービスはいかがですか？」

※○○には、「無料○○相談会」「無料○○診断」と同じ言葉や近いニュアンスの言葉を入れましょう。

全くお役に立てる見込みのない場合を除いて、必ずその場で次のアポイントに繋げましょう。この辺りは、恋愛とよく似ています。

例えば、デートをして、「また会いたい」と思った場合、その場で誘うと、「今度いつ空いてる？」というたった一言で済むのですが、誘わないと次回の約束をするのに多くのステップが必要となります。

誘う名目を考えて↓意中の子に連絡する↓承諾をもらう↓日程を決めるという流れです。手間もかかりますし、途中で返信がこなかったり、返信があっても日程が決まらないケースもままあります。

「鉄は熱いうちに打て」と言いますが、どんなに楽しかった・よかった思い出や出来事でも、時間の経過とともに、その感覚はどんどん薄れていきます。これはビジネスでも恋愛でも同じです。

ヒアリングが終わり、ご自宅に帰られたお客様にもう一度何らかの名目でアポイントをとるというのは、結構なハードルです。

ヒアリングの場では次回のアポイントをとる

ですから、その場でアポイントをとるのを忘れないでください。

ちなみに、この2回目のアポイントの名目は、「伺った悩み・欲求を解決するまでのプランを立てる」「悩み・欲求を解決するための一番の方法をご紹介する」といった内容が喜ばれます。

併せて「次回は、おすすめの商品があればご案内させていただくかも知れませんが、よろしいで

【図表14　2回目のアポイントでセールスする理由】

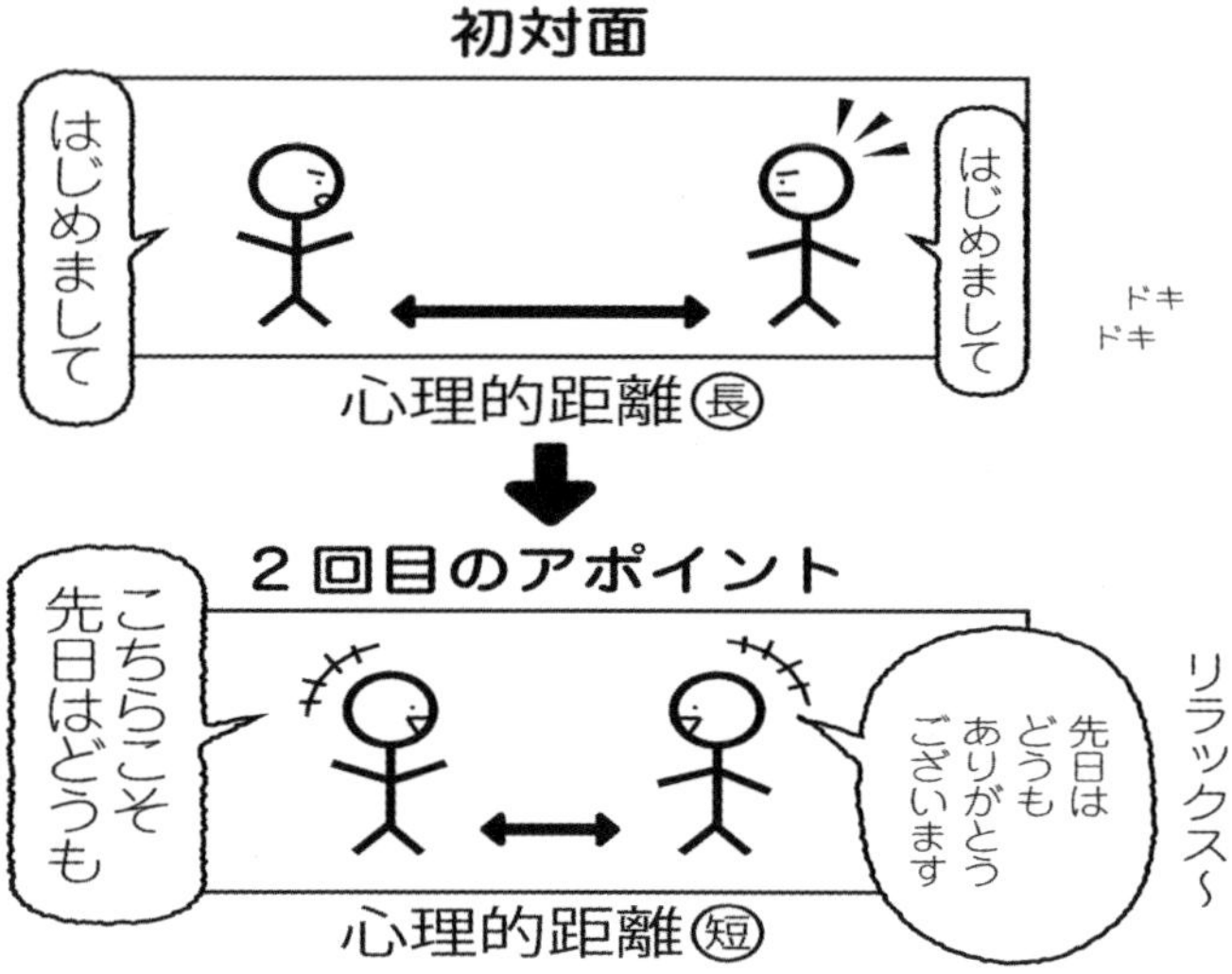

すか？」と伺って、あらかじめセールスの許可をいただいておきましょう。

セールスは、この2回目のアポイントの際に実施します。

いきなりセールスせずに2回アポイントをとる理由

最大の理由は、この手順を踏むことにより、商品に興味のあるお客様だけに提案できるからです。

「断られても全然平気！」という方は、ひたすらアポイントをとってセールスすれば、断られながらも一定確率で契約はいただけますから、その道もあります。

ですが、よほどメンタルの強い方でない限り、「断られるのは嫌だ」という方が大半です。断られることに慣れている営業マンでも、「やはり、断られるのは辛いよ」と言います。

この方法は、極力断られたくない方に特にオススメです。

ザイオンス効果（単純接触効果）といって、何度も繰り返して接触することにより、好感度や評価等が高まっていくという心理効果があることはもちろん、無料で悩みを聞いてもらい、アドバイスを受けられるので、お客様は喜んでくれます。

また、セールスを受ける心の準備ができた方にだけ提案するスタイルなので、こちらの提案を一生懸命に聞いていただけることも多いです。

もし、その時点では契約にならなくても、真摯なアドバイスや情報提供により、見込み客の満足度は高いことが大半ですから、後日契約になることも少なくありません。

お客様には、それぞれタイミングがありますから、悩みがあっても、その場で解決したい人もいれば、その必要性をそこまで感じていない人もいます。

●まとめ：「無料〇〇相談会」でヒアリングし、次回のアポを入れて、２回目のアポでセールスする。

11　Q&A「知合いに、声をかけられる人がいないんだけど…」

見込み客でなく、知合いで十分

さくら「なるほど〜。どんな名目で、どう誘えばいいのかわかってきました。けど…」

カレン「あら、どうしたの？」
さくら「そもそも、声をかける人っていうのは、見込み客なんですよね？」
カレン「そうね。さくらの商品に興味のなさそうな人にアポをとっても、その時間がもったいないしね。声をかける人＝見込み客に近い人になるわね」
さくら「そうですよね…。でも、そもそも見込み客になるかもって思える人が浮かばなくて…」
カレン「あ、そっか。さくらは、まだ、あのワークをやってなかったわね。えーと、A４サイズの紙はある？」
さくら「A４って、パソコンのプリンターでよく使う、一番定番のサイズですよね。もちろん、ありますよ～」
カレン「じゃあ、その紙に人の名前を最低50人、できれば１００人書いてみてくれる？」
さくら「50人!?　無理無理！　そんなに見込み客の名前浮かびませんよ～」
カレン「見込み客じゃなくて、〝知合い〟で大丈夫よ。〝この人は見込み客かも〟とか、〝この人は違うかも〟って考えずに、まずは無心で書くのがポイントなの」
さくら「わ、わかりました！」
カレン「じゃあ、まず10分計るから、書けるだけ書いてみてね」
10分後
さくら「うーん…。30人まではけっこう簡単に出てきたんですけど、ここから手がとまります…」

カレン「大丈夫よ。じゃあ、次は、ＳＮＳの自分のアカウントを開いてくれる?。Facebook や LINE の友達やフォロワー、あるいは携帯電話の電話帳の中にも、知合いがいるはずよ」

10分後

さくら「何とか50人まで出ました！　ちょっと疲れましたけど…」

カレン「お疲れ様！　やってみてどうだった？」

さくら「案外たくさんの名前が書けてビックリしました！　それに、ＳＮＳとか電話帳を見たら、いろんな繋がりがあるって思い出して、ちょっと嬉しかったです」

カレン「人の記憶って、ホントに曖昧よね〜。人脈でもスキルでも、〝ない〟って思い込んでいることは、とても多いのよ。ないと思い込んでいたら、そもそも探そうとしないわよね？」

さくら「確かに！　私もカレン姉さんに言われなかったら、〝書き出すほど知り合いはいない〟って思い込んで、きっとそこでとまってたと思います」

カレン「それはもったいないわよね。ないって思っても、〝あるかも知れない〟って前提で探すのが大切よ。こうやって紙に出したり、ＳＮＳを見たりすることで、実はすでにたくさんの人が応援してくれていることに気づけることもあるしね」

連絡しにくいときのとっておきの声かけ

さくら「50人のピックアップができたら、次はどうしたらいいですか？」

カレン「ここで、ピックアップした人の中に見込み客がいたら、その人に〝無料○○相談会〟のアポイントをとったらいいわ」
さくら「…正直、声かけにくいんですけど…」
カレン「本当は、声をかけやすいような関係を日頃からつくっておくのが大切なんだけど…。今みたいなときは、ピックアップした方に〝紹介〟をお願いしてみて！」
さくら「紹介ですか⁇　具体的にどうやって？」
カレン「簡単よ。〝あなたの周りに○○に興味のある方がいたら、紹介・ＳＮＳでシェアしていただけませんか？〟って伝えるの」
さくら「そっか！　いきなりご本人を誘うのは気が引けますが、これなら声をかけやすそうです！」
カレン「それに、この方法だと結構な確率で〝それ、私が興味あるんですけど〟って返信がくるわ」
さくら「なるほど！　紹介をお願いしているようで、実はご本人を誘っているんですね？」
カレン「そういうこと♪　もちろん、ご紹介をいただけたら、それもとってもありがたいわよね」
さくら「はい、間違いなく…！」
カレン「それとね、こちらが声をかけにくいと感じるということは、その方と関係性がまだ薄いか、または、声をかけようとしているお相手が、警戒心の強い方の可能性があるわ。この〝紹介お願い作戦〟だと〝何か売り込まれるんじゃないか？〟って警戒されにくいし、こちらも声をかけやすいし、一石二鳥よ！」

第5章

お客様が喜んで口コミをしてくれる秘訣

1　口コミされない人の共通点

口コミされる人とされない人

口コミは、される人とされない人にハッキリと分かれます。そして、口コミでお客様が集まる人と、なぜか口コミされない人には、決定的な違いがあります。

それは、口コミされない人は、共通して「完成している感じ」があるということです。つまり、お客様や周りの人から、「この人は完成しているな」と感じられてしまうということを意味しています。

逆に、口コミでお客様が集まる人には、共通して「未完成感」があります。完璧ではない感じ、人間味が伝わるということです。

これは、完成系の人のほうが商品やスキルが優れていて、未完成感のある人の方が優れていないという意味ではありません。

未完成感のある人ほど口コミされるのは

時代は、「モノの消費」から「体験の消費」に移行し、そして「人の人生ストーリーへの消費」に変わってきています。完成している感じのするものは、モノを消費する時代には合っていますが、今や完成している商品は溢れかえっています。

そして、モノの消費においては、お客様との情感的な交わりは薄く、共感も生まれにくいものです。

口コミには、お客様からの強い共感や感動、応援したい熱意が不可欠です。これらは、お客様の内側から湧き出すものなので、完成している感じのある「自分がいなくても大丈夫だよね」と思われている人ほど、口コミは生まれません。

不完全で、未完成であるものほど、人間味があって、お客様からも愛されるのです。

●まとめ：完成しているものには口コミは生まれず、未完成であるほど、共感・応援され、口コミされる。

2　起業1年目は売上アップよりも○○をする

お客様の感想をもらう

商品を作成し、セールス、納品をしたら、絶対に忘れないでいただきたいのが、「お客様の声をもらう」というステップです。「感想をもらったほうがいい」と知っている人も多いのに、残念ながら実践している人は多くはありません。

「感想ってそんなに大事なの？」と感じた方もいるかも知れませんが、本当に大切です。

成功している経営者の中には、「感想は、頭を下げても、土下座をしてでももらいに行きます」

と言う方もいて、成功者でもそれだけ重要視しているものなのです。

これからはますます、信頼をベースに商品を選ぶ時代になります。お客様の立場になったとき、購入を検討する商品があった際は、「他のお客様の意見」「第三者の意見」は、非常に大きな影響を与えます。

例えば、いつも「ダイエットしなきゃ」と言っていた友達が、数か月ぶりに会ったら激やせしていた場合、仲がよかったら「どうしたの？　何をしたの？」と聞いてみたくなりませんか。

さらに、もし、自分がダイエットしたいと強く思っていた場合、その友達が実践して、変わった姿を目の当たりにして、しかも「この方法すごくよかった！」と猛プッシュされたら、「私もやってみようかな」と心が揺れませんか？

なぜお客様の声がそこまで大切なのか

これは、オフラインの口コミ例の1つですが、どういう風に口コミで商品が広がるのか、イメージが湧いたのではと思います。

人が人へ口コミする際の費用対効果は絶大です。特に、身近な人や、大切な人からオススメされたものほど、その効果は大きなものになります。

一方、この口コミには、1つだけ注意点があります。

それは、1人の人が物理的に会える人の数は限られているということです。

そんなとき、口コミの上限をなくすことができるのが、「お客様の声」にあたります。お客様が言っている言葉を感想としていただき、それをチラシやＦＡＸ－ＤＭ、パンフレット等に載せたり、オンラインならブログやメールマガジン、ＳＮＳに載せたりすることで、「物理的な口コミの限界値」を超えることができます。

オフラインで人に会って広がる口コミは、基本的に1対1～1対少人数ですが、これが「感想」があることで、1対１００や1対１０００、1対1万、あるいはそれ以上にアプローチできるということです。

ちなみに、感想は数が多いほど強力になります。

客数の限られている起業初期において、お客様の声は、一気に集められるものではありません。早くに集めた人のほうが、より早くに口コミの恩恵を受けられますから、お客様に、納品後も感想をいただいていないという方は、すぐにいただくようにしましょう。

●まとめ：お客様の声は、口コミの上限をなくすことができる。コツコツとお客様の声を集めよう。

3　こんな感想は使えない！　お客様の声をもらうときの注意点

感想のもらい方

さて、お客様から感想をいただく重要性は感じていただけたのではと思いますので、次は「感想のもらい方」「魅せ方」をご紹介します。

ときどき、感想の載せ方によっては、「これなら載せないほうがいい」というようなご感想があります。

例えば、広いご感想用紙に一言しか書かれていない感想や、短い箇条書きの感想がそれに該当します。

決してお客様に悪気はないのですが、これだと「お客様に喜ばれている感じ」が全然伝わってきませんよね。

また、一番もったいないのは、「5段階評価をつけてもらうだけの感想・アンケート」です。これは文章がないので、そもそも「感想」になっていませんね。

口コミにおける感想の役割は、その感想を見た見込み客が「素敵だな」「私も行ってみたいな」と感じるものであることです。

もちろん、ご感想には、お客様の満足度や満足しているポイント、あるいは改善点が知れるというありがたい側面もありますが、口コミという観点から見たときは、「見込み客の心を動かせるか」「見込み客が行動したくなるか」が重要です。

感想をいただく際は、お願いするタイミングや、お願いの仕方が非常に大切です。

これによって、同じお客様にお願いしたとしても、書いてもらえる内容が全然変わってくるからです。

●まとめ：魅せ方も重要！　口コミにおけるお客様の声は、見込み客の心を動かすものであること。

4　良質なお客様の声をもらうには

お願いするタイミング

お客様が商品・サービスに満足していることが感じられたタイミングで依頼しましょう。

感想をもらうのは、納品以降になるため、セールスの「ヒアリング」を経ているはずなので、お客様の「商品・サービスを利用する動機」はご存知のはずですから、その動機が満たされているようであればもちろん問題ありませんし、お客様の表情や発言を見て「大丈夫そうだ」と感じられたら、そのときでも問題ありません。

できれば「特に喜ばれているタイミング」で依頼できたら、その喜びが文字に乗るので一番ですが、あくまで「できれば」です。

時々、「感想をお願いしにくい」「嫌がられないか心配」という方がいますが、満足してくれている様子の方に依頼するのですから、嫌がられることは滅多にありません。

それでもお願いしにくい場合は、ご感想を書いてくださった方に何か粗品や特典、クーポンなどをお渡しする仕組みにするのがオススメです。

感想をお願いするときのポイント

ご感想の記入を了承してくださったお客様には、お客様の声の「例」をお見せしましょう。この内容例がとても大切です。

人は、例があると、それをもとに書こうとします。

ですから、この例の内容を通して、暗に「こんな文章量で、このくらいの熱の込もりようで書いていただきたい」という、こちらの意図をお客様に伝えることができます。

この例となる「お手本の感想」については、できるだけ身近な方に依頼するとよいでしょう。商品・サービスを試験的につくった際、全く面識のない見込み客に売るよりも、身近な方に売ることのほうが多いはずです（実際、そのほうが売れやすくもあります）。

「こんな感じで感想を書いてもらえたら嬉しいです！」と、あなたの理想的な感想を他社さんのところから事例として持ってきてもいいですね。

ポイントは、上記のようなことが気軽に言えて「いいよ！」と二つ返事で返してくれそうな方に依頼するということです。もちろん、家族や友達でも大丈夫です。

また、当然ですが、お客様は、「何を書いたら見込み客に商品・サービスやあなたのよさが伝わるのか？」という観点で書いていないことが多いので、そのまま載せると見込み客には意味が伝わらない感想になっていることが多々あります。

したがって、感想をいただいたら、それをそのまま掲載するのもリアリティがあってよいのですが、一部修正するほうが見込み客にとって丁寧な掲載になります。

お客様には、「載せられる文章量などに合わせて、語尾や細かい表現の部分など、少しだけ修正して載せてもよいですか？」と許可をとっておきましょう。

そして、可能な限り、本名で写真も合わせていただくことができればベストです。あってはならないことですが、感想はいくらでも偽造できるので、本名と写真が添えられた感想は、安心感が全く違います。

●まとめ：感想はお客様が満足しているときにお願いし、感想例を見ながら書いてもらう。

5　押えておこう！　口コミの大前提

オンラインとオフラインの口コミの違い

口コミのオンラインとオフラインの具体的な違いをご紹介します。

オンラインでの口コミは、主にＳＮＳなどＷＥＢ上で、あなた自身や、あなたの商品・サービスを誰かがシェア・拡散し、情報が広まることを指します。これに対して、オフラインでの口コミは、チラシやＦＡＸ－ＤＭを送信することや、実際に人が誰かと会ったときに、あなたやあなた自身のビジネスを話題にしたり、直接紹介したりすることを指しています。

どちらも共通するのは、売り手ではなく、第三者が情報を広めているという点です。

口コミとは、第三者にあなた（の商品・サービス）を代わりに宣伝してもらう方法です。

人は、命令などの強制力がない場合、自分がやりたいことしかやりません。ですから、お客様自身が「口コミしたい！」「口コミしたくてウズウズする！」と思わないと、口コミというのは起こりません。

逆に言えば、そんな状態をつくることができれば、口コミは「意図的に起こすことができる」ということでもあります。

●まとめ：口コミは、自然に起こるだけでなく、意図的に起こせる。

6 お客様別、口コミへの関心ステップ

では、お客様が思わず口コミしたくなる状態を具体的にご紹介します。

人が口コミをする際には、次のように4段階があります。

口コミのステップ

・ステップ①：話題に上げようと思わない
・ステップ②：機会があれば話題に上げてもいい
・ステップ③：積極的に人に話したい
・ステップ④：話さずにいられない

大前提として、口コミには「口コミする人」「しない人」がいて、「しない人」が「する人」にな

る可能性は極めて低いものです。

ステップ①の「話題に上げようと思わない」人は、基本的に「口コミしない人」に属するので、この層の人にはアプローチしなくて大丈夫です。「話題に上げようと思わない」ということは、少なからず商品・サービスへの満足度や、売り手との信頼関係が薄い可能性があります。

その場合、お客様の率直な感想を真摯に受けとめることは大切ですが、口コミという観点からは、この層の人たちにアプローチしてもよい口コミは広がらないので、アプローチする必要があるのはステップ②以上の人たちということになります。

ここでは、ステップ②の人を③に、ステップ②と③の人を④に上げる方法をそれぞれご紹介します。

●まとめ：口コミをしない可能性が高い人ではなく、ステップ②以上の人にアプローチする。

7　積極的に口コミしたくなるには

ステップ③へアップする方法

口コミが起こる最低条件は、商品・サービスにある程度満足していること、あるいは売り手とある程度の信頼関係があることです。

「ある程度」としているのは、あくまで最低条件だからです。

もちろん、満足度が非常に高かったり、信頼関係が強固であったりするほど、口コミは起こりやすくなるのは間違いありません。

同時に、そこまでの状況・状態でなくても、口コミしてくれる人がいるということです。

お客様の大半は、この「ステップ②：機会があれば話題に上げてもいい」に属しています。

口コミが起こらない場合というのは、お客様が商品に満足していないのではなく、「口コミする」という発想や概念、経験がないだけなのです。

この層の人たちは、機会があれば、一定確率で口コミしてくれます。

「機会」といっても難しいことではなく、「周りで○○のことで困っている方や、悩んでいる方はいませんか？」「その方をご紹介いただけませんか？」とお伝えするだけで大丈夫です。

「そんなことで？」と思った方もいるかも知れませんが、これがとても大切なことなのです。

ステップ②における口コミの壁は、「口コミをするという発想・概念がない」「誰を紹介すればいいのかわからない」「何と言って紹介したらいいのかわからない」という3つです。

この3つの壁を突破することができれば、かなりの確率で口コミが起こせます。

口コミの3つの壁を突破するには

その壁を突破するためには、まずは「紹介してください」と素直に伝えること。これでお客様に「口コミする」発想・概念が生まれます。

すると、「紹介するといっても、誰を紹介したらいいのか悩ましい」と感じるお客様は少なくないので、このとき「例えば、○○で悩んでいる方はいませんか？」と具体的に聞くことで、紹介する対象をその場で考えてもらいましょう。

口コミに限った話ではありませんが、お客様にとって「面倒なこと」「ストレスのかかること」は、商品・サービスの提供中など、一緒にいるときにしてもらいましょう。お客様が自宅に帰ってからそれらを実行してもらうのは、簡単ではありません。

その上で、さらに紹介カードやチラシなどを用意して、「よかったらその方に渡してください」とそっと渡すか、メールで送りましょう。

そうすることで、「紹介するときのトーク」をその紙に託すことができ、お客様にとっても非常に気楽ですし、情報の伝え間違いを防げます。

見えるものがあると、「紹介する」というアクションを忘れても、折に触れて思い出せるきっかけになり、自然と「チラシを預かってるし配らなきゃ」と意識が向くので、俄然紹介率がアップします。

何より、紹介された人が、いざ「予約したい」「問い合わせたい」ときに、「電話番号がわからない」「メモを間違っていたのか連絡が繋がらない」といったリスク対策にもなります。

●まとめ：「紹介してください」と素直にお願いする。その場で誰を紹介するのがよいかを考えてもらう。紹介カードやチラシを渡して、お客様が口コミする際の文章の参考にしてもらう。

8　口コミされる商品の具体例と共通項

ステップ④へアップする方法

ステップ④の「話さずにいられない」という、言い換えると「話したくてウズウズしている状態」の人がいると、集客の状況がガラッと変わります。

1人いてくれるだけで集客の負担は大きく軽減され、数人いてくれると「負担が軽減」どころか、集客がとても簡単になります。口コミだけで十分過ぎるほど集客できるからです。

また、口コミがきっかけで利用されたお客様は、初対面時からラポールが築けていることも多く、その他の集客経路に比べて格段に契約率が高いのが特徴です。

ステップ④のお客様を増やすことができると、集客人数が増えるだけでなく、契約にも繋がりやすい分、売上にも大きな影響を与えます。

では、どんなときに、ステップ④の「話さずにいられない」という状態になるのでしょうか？

具体的に、3つの事例をもとにご紹介します。

事例①　ロボット掃除機

掃除機のルンバが登場したときは、驚いた方も多いのではないでしょうか。

コードレスなだけでなく、起動・掃除・定位置に戻るところまで、すべて自動でしてくれるというのは、当時はもちろん、現在も使っていない人からすると革新的な機械に映るでしょう。

事例②　LINE

現在は、無料で複数の人と同時に通話・メッセージでやりとりできるツールはいろいろありますが、LINEが出た当時は、非常に画期的な機能でした。

QRコードや「ふるふる」という不思議な機能で簡単に連絡先を交換できるのが特徴で、最近は「LINEで繋がってるから電話番号もメールアドレスも知らない」という人も少なくありません。

事例③　無人ラーメン

ラーメンを集中して食べられるように、カウンターが1人ずつ仕切られている博多とんこつラーメン屋というと〝一蘭〟です。

「無人」といっても、実際にはもちろん厨房があり、スタッフはいるのですが、スタッフの姿がお客様から見えない構造になっています。

口コミしたくなるギャップがある

それぞれ、口コミしたくなるギャップがあります。

実際に、「自宅にいないときでも、自動的に部屋を掃除しておいてくれる」「多少の段差は飛び越えて掃除できる」、「通話料がかからず、複数の人と同時に話せる」「アドレス交換が簡単」、「スタッフがいないラーメン屋」「専用用紙で細かく好みのラーメンをつくってもらえる」など、いろんなタイプの口コミが起こっています。ほとんどの人は、衝撃的な何かを知ったとき、「ねぇねぇ、知ってる？」「見た？　昨日の○○！」と口を開きます。

そして、この状態をつくるカギというのは、「ギャップ」にあります。大きなギャップをつくることで、ビックリしたお客さんが「誰かに話したい！」とウズズして口コミが広がるのです。

●まとめ：圧倒的な口コミを生むには、衝撃的なギャップが必要。

9 「口コミしたくてたまならい！」状態のつくり方

この3つの事例からわかるのは、口コミは、「何かと比べて起こっている」という点です。ギャップをつくるのですから、比較対象が必要なのはもちろんですが、この比較する対象とのギャップが小さいと、大きな衝撃はありません。

比べる対象が重要

比較対象との差が大きいほど大きなギャップになりますから、何と比較させたときに、最も大きなギャップが生まれるのかという視点で、比較対象を探すことが大切です。

比較対象を探すには、お客様がそれぞれの商品に対して抱いている常識やイメージを知る必要があります。

【図表15　口コミしたくなるギャップ】

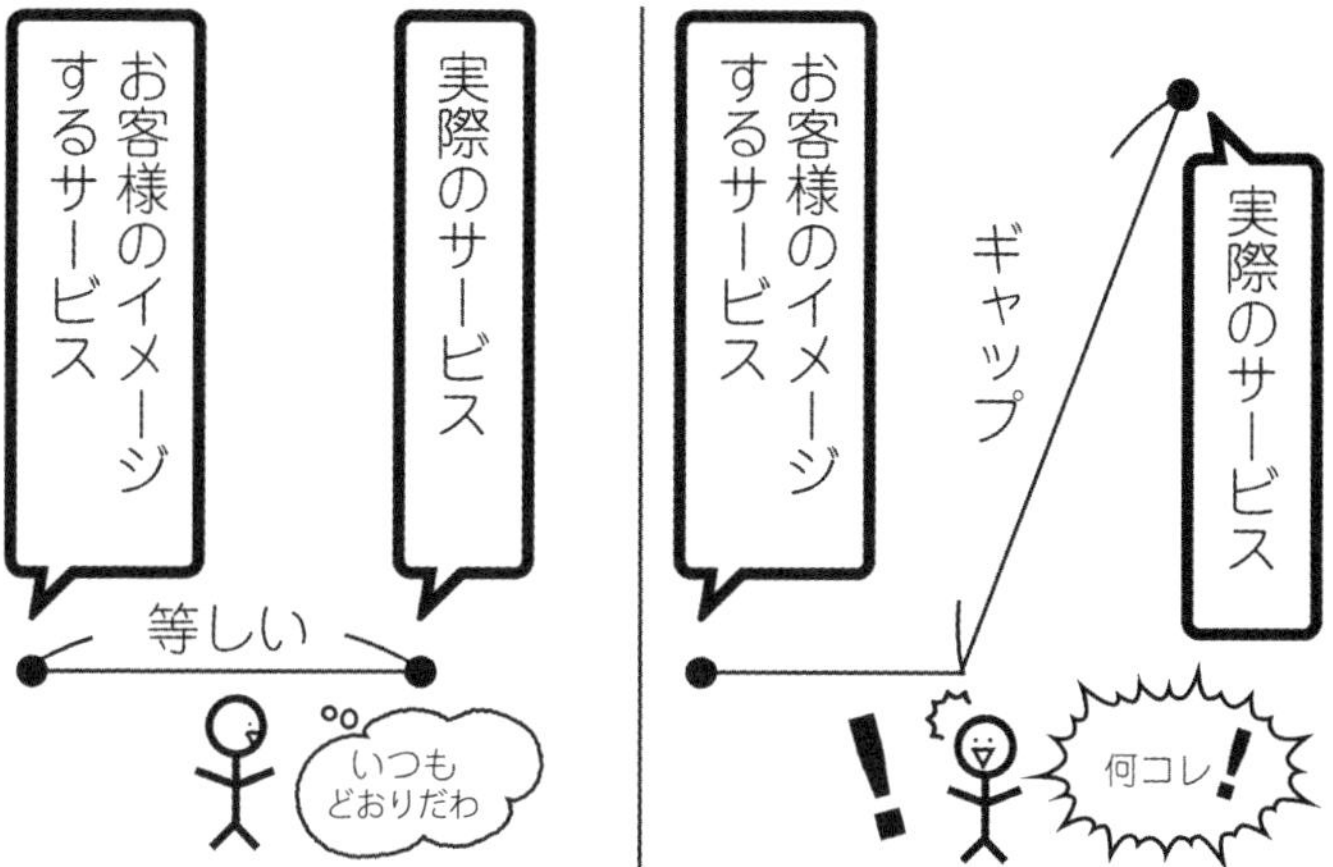

想定どおりのサービスからは口コミは生まれない

イメージとのギャップがあるほど口コミしたくなる

例えば、「この商品は、こういう味がするのが普通だ」とか、「この商品なら、当然こんな内容だろう」といったものです。

ここでも、「お客様感覚」が不可欠で、これをしっかりインストールしていない状態でギャップをつくると、「同業者に凄いと言われて、お客様に凄さがわからないギャップ」をつくってしまいがちです。

口コミされる商品は、共通して「わかりやすい凄さ」があります。お客様は、複雑な凄さはわからないので、「どう凄いのか？」が簡単で、わかりやすいものでなければいけません。

「凄さ」はつくれる

こう言うと「そんな凄さなんてうちにはないよ」と思われるかも知れませんが、その道の専門家ではないお客様にとって、「凄い」と感じてもらうには、あるコツがあります。

前述のとおり、お客様は、様々な商品・サービスに対して「普通はこうあるもの」「当然そうあるもの」というイメージや常識を持っています（このイメージや常識は、実態とは異なるものもありますし、お客様の勘違い・誤解が含まれていることもあります）。

このイメージ・常識の中でも、なるべくあなたにとって労力がかからず続けやすいところでギャップをつくるのです。そうすれば、「普通はこうなのに、ここでは違った！」というギャップが生み出せます。

美容院を例にしてギャップを考えると、例えば次のようなものがあります。

髪を切りに行った後のお客様が悩むのは、スタイルの再現性です。お店では綺麗にセットしてもらって満足だけど、1人では上手くできないという人は少なくありません。

そこで、後日、「今回のヘアスタイルをご自宅でつくるコツ」を、スタッフの空いている時間にメールやLINE公式（ビジネス向けLINEアカウント）などで送ったら、スタイルの再現性で悩んでいる人には喜ばれるギャップになります。

美容院には、埋まりやすい時間と埋まりにくい時間とがありますから、この埋まりにくい時間を使って、お客様にさらに喜ばれるような「普通はこうなのに、ここでは違った！」サービスを提供できれば、アイドルタイムを有効に活用できて一石二鳥です。
●まとめ：商品へのお客様の常識を知り、その常識を砕く大きなギャップをつくる。

10　あなたの熱烈ファン育成術

顕在ニーズを満たす商品をつくる

どんな商品・サービスも、お客様の顕在ニーズを満たすようにつくられています。

顕在ニーズとは、お客様がハッキリ「これに困っている」「これを解決したい」と自覚しているニーズのことで、例えば「腰が痛いなぁ」とか、「だいぶ爪が伸びてる」とか、「お客様が来ないなぁ」などです。

同時に、潜在ニーズという、お客様が明確に自覚していないニーズもあります。例えば、「人から認められたい」「モテたい」「健康になりたい」などがそうで、「モテたいですか？」と聞かれたら「はい」と答える人は多いでしょうが、「美容院に行くのはなぜですか？」と聞かれたら「髪を切りたいから」と答える人が大半です。

そして、「髪を切りたいのはなぜですか？」と「なぜ」を深掘りしていくと、根っこには「モテたい」「褒められたい」「馬鹿にされたくない」などのニーズがあり、これが潜在ニーズにあたります。

まずは、「顕在ニーズ」を満たす商品をつくりましょう。通常、体に全く不調を感じないのに、急に病院には行きませんし、事業にも集客にも全く困っていないのに、集客ノウハウ本を買うかというと、買わないからです。

それでも買うとしたら、集客に困っている友人のためや、集客の知識を深めたいといったケースが考えられますが、それらの場合でも、そこには買うだけの顕在ニーズがあります。

そして、ここからが大切な点です。お客様は、顕在ニーズを満たすためにものを買いますが、潜在ニーズを満たしてくれる商品を無意識に求めています。

本当は満たして欲しいニーズ

潜在ニーズは、お客様は自覚していない「本当は満たして欲しいニーズ」と言い換えられます。この「本当は満たして欲しいニーズ」を満たしてくれる商品と出会うと、お客様はその商品のとりこになってしまいます。

学習塾を経営している友人が、正にこの方法でお客様のハートを掴んでいました。

友人曰く、「お客様の中に、日頃、旦那さんに話を聞いてもらえないと不満を持っている奥さんが数人います。その奥さま方が学習塾へお子さんを送り迎えする際に、数十分の世間話をするそうなのですが、普段こんなに話を聞いてくれる人はいないと大層喜ばれている」のだとか。

学習塾に通うのはお子さんですが、意思決定をするのは親御さんですから、お子さんへのサポートはしっかり実践しつつ、親御さんの顕在ニーズと潜在ニーズまで満たせたら、お客様は離れられなくなります。

商品を買うことで、顕在ニーズが満たされるのは、お客様にとって当然のことですが、潜在ニーズまで満たしてくれる商品は、世の中にそうないからです。

お客様自身も自覚していない、でも満たして欲しかったニーズをもカバーできる商品というのは、お客様にとってかけがえのない存在になります。

顕在ニーズと潜在ニーズの両方を満たす商品をつくることができれば、それはかなりの確率でお客様の「当然」「普通」という常識を超えた商品となり、口コミされるのです。

●まとめ：顕在ニーズと潜在ニーズを両方満たすことで、熱烈なファンになる。

11　業界のトップに無料で紹介してもらうには

アタックする人をピックアップする

口コミは、影響力の強い人にしてもらうほど、その効果は何倍～何十倍にも大きくなります。

影響力の強い人というのは、あなたの扱う商品・サービスの業界有力者や、濃く広い人脈を持っている人のことです。

周りから「この人が言うなら安心だ」「この人の紹介なら間違いない」と思われているような人です。

このような「業界の中心人物（トップ）から攻略する」というのは、ビジネスのセオリーですが、口コミも例外ではありません。

トップが「ＹＥＳ」というと、まるでオセロゲームのようにそこに属する人全員が「ＹＥＳ」になる、「黒が白になる」ということは珍しくありません。

ですから、まずは、攻略対象であるトップは誰なのかをピックアップしましょう。

業界に属している期間がある程度長ければ、誰がトップなのかは熟知されていると思いますが、もし、誰がトップなのかわからない場合は、あなたが起業する業界の人にヒアリングしてみましょう。

「この業界のトップは誰ですか？」「この業界を牽引している人は誰ですか？」と数名に聞いていくと、自ずと業界の構造や派閥が見えてきます。

ここで名前が挙がる人とは、なるべく早い段階で接点を持つようにしましょう。トップを紹介してくれる人がいたら確実ですし、そうでない場合は、トップが主催または参加している勉強会やセミナーがあれば、それに参加するのも方法の１つです。

トップに応援したいと思われるには

影響力が強ければ強いほど、トップに「紹介をしてもらいたい」「一緒にビジネスをしたい」などと考えている人は多くなりますから、真正面から「紹介してください」とお願いしても、たいていは上手くいきません。

まずは、トップから「応援したいな」と思われないと始まらないので、例えば次のようなアクションをするのがオススメです。

トップに対して、「一番の対応・反応をすること」、「他の人がやっていないアクションをとること」です。

トップに気に入られようとしている人はたくさんいますから、普通のことをしているだけでは、「その他大勢」の中に紛れてしまいます。

具体的には、影響力の強い人は、ブログやメルマガ、ＳＮＳなどで何らかの投稿や発信をしていることが多いので、それに一番早くコメントを書いたり、それが難しい場合は一番濃い感想を送ったりするということです。

ちなみに、ＳＮＳよりもブログ、ブログよりもメルマガに対する感想のほうが喜ばれます。

ＳＮＳは、その性質上、コメントを投稿し合う文化がありますが、ブログやメルマガは一方通行のコミュニケーションツールなので、滅多に感想が来ないからです。

その他にも、トップのお困り事や愚痴を聞いて、それを解消するサービスを紹介したり、あるいはあなた自身がそれを解消できる場合は、それをサービスしたりするのも喜ばれます。

「トップの痒いところに手が届く」ような情報の提供や、「それをしてもらえたら助かるな」と思われるアクションをどんどん実行して、その上で紹介をお願いしましょう。

ギブアンドテイクではなく、こちらができる目一杯のギフトを贈ってから依頼するのが大切です。

●まとめ：トップの行動に対して一番早く対応・反応する。

12　想いの循環こそが口コミの最大のパワー

熱量のある口コミは、情報以上に感情を伝える

誕生日などのサプライズで、サプライズを受けた人以上に、提供する側のほうがワクワク、うれしそうにしている姿を見かけることはありませんか。時々、同じことが口コミでも起こっています。「付合い」で口コミしているのと、暖かい気持ちの循環が起こって口コミしているのとでは、同じ口コミでも、そこに乗っているエネルギーが全く違います。

口コミで伝染するのが、単なる情報ではなく感情であるときに、口コミは爆発的に広がるものです。

感情は、深い感謝や愛情を語るときに最も強く表れます。ですから、口コミで最も大切なことは、地味なようですが、お客様から「本当にありがとう！」「大好き！」と喜んでいただけるように、日々、真摯に尽くすことです。

ギョッとする大きな話題づくりに成功しても、これを怠った起業家は、遠くないうちにお客様との関係は途切れていきます。これでは、一生愛される起業にはなりません。

●まとめ：口コミする人の深い感謝や愛情が伝染したとき、口コミは爆発的に広まる。そのためには、真摯なビジネスの実践が不可欠。

第6章

リアルとWEBを使った集客の仕組み

1　リアル集客、WEB集客それぞれの異なる魅力

世の中にはたくさんの集客方法があります。ここでは、リアルとWEBでの集客にどのような違いがあるのか、それぞれの特徴やメリット・デメリットなどをご紹介します。どの集客経路を活用するのか検討する際に参考にしてもらえたらと思います。

リアル集客

まず、リアル（オフライン）での集客ですが、これはインターネットを使わない集客を指していますので、例えば知人・友人がそのままお客様になる場合や、知人・友人から紹介された人がお客様になる場合、交流会などで出会った方がお客様になる場合、また飛込み営業やチラシで集客した場合などはこちらに含まれます。

リアルでの集客は、WEB（オンライン）集客に比べて、とにかく集客できるまでの期間が短いのが特徴です。例えば、もともとの知人・友人ならメール・電話をすればすぐに連絡がつきますし、チラシを配るにしても、ポストのない家はないのでチラシを刷ればすぐにでも配ることができます。人脈がなくても交流会に行けばすぐ人に会うことができ、そこから次回のアポイントを取ることも可能です。

リアル集客は、見込み客へのアプローチが簡単にできるのが、ＷＥＢ集客との大きな違いです。

そして、ＷＥＢ集客に比べると、信頼関係が構築されやすく（あるいはもともと信頼関係があるので）、セールスのハードルが低いというメリットもあります。

ＷＥＢ集客

ＷＥＢでの集客は、インターネットを介した集客方法ですから、例えばブログやＨＰはもちろん、Facebook や Instagram などのＳＮＳ、ＬＩＮＥ公式、メールマガジンでの集客は、すべてＷＥＢ集客に含まれます。

ＷＥＢ集客は、アプローチできる人の量が多く、集客量を大量に増やすことができるのが特徴です。

記事や投稿を読む人のことを、本書では読み手は「読者」で統一したいと思います。一記事を書いて配信すれば、使っている集客経路の読者に一斉にアプローチできるので、この点がリアル集客と大きく異なります（リアル集客は、会える人の数やチラシを配れる数に上限があるため）。

また、読者の数や、ＨＰ・ブログなら何人が訪問したのかというアクセス数、ＳＮＳなら「いいね」数、メルマガなら配信した母数に対して記事を開封した人の割合を示す開封率など、集客で重要な情報が数値化できます。この数字の結果によって、何を改善すればいいのか予測できるところが、ＷＥＢ集客の画期的な点です。

反面、リアル集客に比べると、集客できるまでの時間が長くもあります。

ゼロからWEB集客を始める場合、お客様との信頼関係をWEB上で築く必要があるからです。

その分、その期間を耐えると、リアルだけでは集められない規模の集客を可能にしてくれます。

●まとめ：短期的には結果が出るのが早いリアル集客から着手し、中長期的にはWEBで集客する仕組みをつくる。両方を活用することで高い水準の集客が可能になる。

2　集客段階で決してやってはいけないこと

セールスでできて集客ではできないこと

セールスではできて、集客ではできないことは、お客様へのあからさまな教育です。

セールスの場では、当然ですが、扱う商品・サービスについて売り手のほうが詳しいので、お客様もある程度「あからさまな教育」であったとしても、話を聞いてくれます。もちろん、売り手のキャラクターによりますが、お客様にとって気持ちのいいものではないので、やるべきではありません。この「話を聞いてくれるのかどうか」が、セールスと集客の決定的な違いです。

よほどのことがない限り、セールスの最中にいきなりお客様が帰るということはありません。

しかし、集客の場合は別です。

ブログやSNS、チラシなどは、読んでいる最中にいつでも離脱する（読むのを辞める）ことができます。ですから、お客様が聞きたくない話は論外としても、そこまで興味のない話だったり、話の内容がわかりにくかったりなど、ちょっとしたことで離脱されてしまいます。

通常、「師匠」「先生」と思っている人からの教育は、「ありがたい！」と喜んで聞きますが、まだセールスの場にも来ていない関係性の人から、あからさまな教育をされたくはありません。

実際には、集客段階であからさまな教育をしている人はたくさんいます。

では、どんなときに、「あからさまな教育をしている」と言えるのかというと、例えば、書き手の正論や持論を、売り手に押し付けているときです。

正論や持論を書くことは問題ありませんが、伝え方次第ということです。

押しつけ感が出ないようにする

特に、押し付け感が出るのは、主に1つの記事内で「くどくど何度も同じことを言っている（書いている）」ときや、「！」を多用したとき、「べき論」を多用したときの3つです。

これらに気をつけて書けば、「あからさまな教育をしている感じ」は出にくくなります。

繰り返しますが、集客段階ですることは、お客様との信頼関係を育てることです。

ブログやSNSの読者、チラシを見た人、交流会で知り合った人など、どの集客経路でも共通して、「この人なら（この商品なら）私の悩みが解決できるかも！」「この人に会ってみたい！」とお客様に感じていただくことができれば、集客は成功します。

もともと知人・友人で信頼関係が強い場合は、「あなたがオススメするなら買うよ」「あなたのお願いなら喜んで誰か紹介するよ」と言われることもありますが、そういう関係ではない人を集客する場合は、信頼関係を育てるステップが欠かせません。

お客様が知りたいことを書く、話す

ですから、集客段階では、「まずはお客様が知りたいことを書く、話す」というのが基本です。

自分が言いたい話をひたすら発信しても、お客様は聞いてくれません。

例えば、真夏の暑い日に、ノドが渇いている人へ熱々のホットコーヒーを渡しても、なかなか飲んでもらえません。こういうときは、まずお水を渡します。

信頼関係を育てるのが狙いですから、集客段階では、自分が言いたいことではなく、お客様が欲しいと思っているものや見たいものを繰返しプレゼントしましょう。

●まとめ：集客段階では、あからさまな教育をしない。お客様が欲しいものをプレゼントする。

3　WEB集客の基本的な考え方

アクセス数とコンバージョン率を増やす

WEB集客の基本は、「アクセス数×コンバージョン（以下、CV）率」です。

アクセス数とは、ＨＰやブログに訪問された数のことで、ＣＶ率とは、アクセス数に対して申込みや問合せのあった割合を指しています。

例えば、アクセス数が１００件のＨＰがあったとき、そのＨＰのＣＶ率が１％の場合は、集客数（申込み・問合せ数）は1件だったということになります。

ですから、アクセス数が２００件になればＣＶ率は１％のままでも集客数は2倍になり、アクセス数がそのままでもＣＶ率が２％になれば、同じく2倍になることを意味します。

もちろん、アクセス数・ＣＶ率の両方の値が大きくなれば、その分集客数はより多くなります。

つまり、ＷＥＢ集客を成功させたければ、アクセス数とＣＶ率を増やせばよいということです。

起業初期はこの方法でアクセスを集めよう

ＷＥＢで集客する場合、主にＳＮＳやブログ・ＨＰ、メルマガ・ＬＩＮＥ公式のいずれか、あるいはいずれもを活用することになりますが、ＳＮＳ以外はどこかから読者を確保する必要があります。読者(アクセス)を集めないと、投稿をしてもそもそも読む人がいないという状況になるからです。

読者を集める方法はいろいろありますが、一番簡単な方法は、Facebook や Instagram などのＳＮＳを活用し、ＳＮＳ上の読者を、メルマガやＬＩＮＥ公式などへ誘導することです。

ＳＮＳは、インターネット上で人と交流することが目的の場所ですから、オフラインの友人・知人ではない人とも簡単に知り合うことができます。

具体的には、SNSのプロフィール等にメルマガやLINE公式の登録URLを記入しましょう。

さて、HP・ブログの特徴は、見込み客の訪問待ちであるという点です。アクセスを促すことはできますが、訪問するかどうかはお客様次第なので、せっかくマメに記事を更新しても、マメに訪問してもらえなければ、読んでもらえないということになります。

その点、メルマガやLINE公式は、登録してもらうというハードルがありますが、一度登録をしてもらえればそれ以降は記事を配信すると自動的にお客様の手元に届きますから、ブログやHPに比べて高い確率でお客様に記事を読んでもらうことができます。

起業初期は、SNS等をお客さんとの接点を持つきっかけの場所として使い、そこからメルマガやLINE公式へつなげるのがオススメです。

CV率アップに欠かせない「緊急性・限定性」と「動機づけ」

CV率を上げるためには、第1に「予約・申込方法」をわかりやすくしましょう。せっかく申し込みたいのにボタンがわかりにくくて離脱されるのは一番もったいないことです。

また、CV率は、普段の発信内容やお客様との信頼関係が強く影響するので、日頃からコンスタントに後述の「ファン化ライティング」を実践することも大切です。

これに加えて、お客様が申し込みたくなるには、「緊急性・限定性」と「動機づけ」が有効です。

まず、緊急性・限定性とは、例えば「○月×日まで、1日△人限定で販売します！」「3日間限定で、先着○名まで、△△の特典つきです！」といった内容のもので、スーパーのチラシをイメージしてもらうとわかりやすいかも知れません。「いつでも買えるわけはなく、この期間中でしか買えませんよ」というのが緊急性、「例え期間中であっても売り切れたら買えませんよ」というのが限定性です。

この2つは、片方でも強力ですが、「【先着△名限定】この期間中に購入すると、通常○○円のところ、××円で購入できる（この特典がもらえる）」と組み合わせると非常に効果的です。

いつでも購入できるもの、お得感を感じないものについては、人はなかなか行動しないということです。

そして、動機づけとは、お客様に購入する必要性を深く認識してもらうことを意味しています。具体的には、悩みを解決するメリット・解決しないデメリットを知ってもらい、その悩みを解決する際の根本原因、そして解決方法を伝えることです。

ここでは、愛を持って、メリットだけでなく、デメリットや根本原因を伝えることが大切です。人間には、「快を求めて、不快を避ける」という行動原理があります。心地よいものを求めて、不快になるものからは遠ざかろうとすることです。

メリットとデメリットを伝えることで、見込み客は快と不快を認識し、悩みの根本原因を伝えることで、それを解決したいと感じることが大半です。

そして、その解決方法が商品であると伝えると、お客様にとって、購入する強い動機になります。

●まとめ：起業初期のアクセスアップはＳＮＳから。ＣＶ率アップには緊急性・限定性と動機づけ。

4　集客数のアップダウンを減らす方法

強みを活かしつつ、リアルとＷＥＢを両方とも活用する

月ごとの集客数の変動を抑え、一定数を集客し続けるには、基本的にリアルとＷＥＢ集客の両方をしていくことが不可欠です。「リアルだけ」「ＷＥＢだけ」という起業家もいますが、どうしても時流や流行り廃りに左右されたり、集客数のアップダウンが激しくなります。

とはいえ、リアル集客のほうが集まりやすい、あるいはＷＥＢ集客のほうが集まりやすいといったような強み弱みがある場合が大半なので、得意なほうの集客経路を多く利用することになります。

例えば、リアルのほうが集まりやすい人でも、最近のお客さんは情報をインターネットで検索することも多いので、少なくともＨＰやブログなど、何らかのＷＥＢ集客媒体を活用しておくようにするといったイメージです。検索しても全くヒットしないと、信頼性に欠けてしまいます。

年々集客の難易度は高くなっていますから、集客は種まき・水やりなどの工程を丁寧にしていかないと、なかなか集まらない時代に入っています。

この工程を丁寧にするというのは、具体的には、ブログやＨＰ、ＳＮＳなどで読者を増やし、お客様に信頼される発信をすることを指しています。

ここで関係性を密にしておくと、集客とその後のセールスもスムーズになります。

そこで必要になるのが、「ファン化ライティング」です。ＨＰやブログ、ＳＮＳの発信はもちろん、チラシやお客さんへの配布物など、起業において文章力は欠かせないものになっています。

●まとめ：ファンのお客さんを集客するには、集客段階でファン化ライティングを活用する。

5　ファン化ライティングその①　ニーズに応え、関連する文章を書く

ファン化ライティングに必要な要素とは

人は、自分が読みたいものしか読みませんので、お客様の悩み・欲求に関連した文章が喜ばれます。

例えば、ダイエットしたい、痩せたいと思っている人には、「どうしたら痩せられるのか？」、「ダイエットに大敵の食事や習慣」などを書くと、悩み・欲求に関連した文章ということになります。

そして、ここで重要なのは、見込み客にとって「新鮮さ」「気づき」のある文章にするということです。

見込み客の悩み・欲求に関連した文章でも、見込み客が既に知っている内容だったら、「もう知ってる」と思われて、その時点で離脱されてしまいます。

一方で、専門家らしいハイレベルな文章ならよいのかというと、「新鮮さ」「気づき」以上に「難しい」という印象になってしまい、これも読まれなくなってしまいます。

つまり、見込み客が、自身の悩み・欲求に対して、どの程度の知識を持っているのかによって、書くべき内容は変わってくるということです。

少なくとも、起業初期は、知識量の多くはない層を見込み客にすることをオススメします。知識量の多い層は、その業界のことを熟知していることが多く、売り手の実績やブランドをしっかり考慮して選ぶ傾向にありますから、起業初期に見込み客とするのは、少々ハードルが高いです。

まずは、あなたの商品・サービスを必要とする人は、「どんなことを知りたいのか？」「何で悩んでいるのか？」を洗い出して、それを文章に書いていきましょう。

●まとめ：見込み客の悩み・欲求に関連した文章であり、かつ気づきのある文章を書く。

6 ファン化ライティングその② 人柄や価値観を発信する

人柄や価値観の伝え方

先ほどの「ニーズに応える」文章では、お客様にとって有益な情報提供はできますが、売り手の顔が見えてきません。お客様は、誰から商品を買うのかをよく見ています。商品の違いがわかりにくい場合や、他の場所でも同様の商品が買える場合、その傾向は顕著になります。

では、どうすれば売り手の顔が見えるようになるのかというと、あなたの価値観やポリシーを伝えるのがオススメです。

このとき、くれぐれも「私の価値観は○○です。なぜなら〜」「私のポリシーは△△です。なぜかというと〜」という書き方はしないでください。途端に「つくり物」っぽくなるからです。

これは、用意してきた「綺麗な台本」を読んでいるようなイメージで、肝心の人柄が全然伝わりません。非の打ち所がなく、しっかり理論武装して価値観を発信するほど、人間っぽさが伝わりにくくなります。これでは本末転倒です。

人柄や価値観を伝えたいときは、「私の価値観は○○です」とストレートに語るのではなく、過去の挫折経験や失敗談などの「体験」や「エピソード」を語りましょう。核となる価値観は、たいていは机上からではなく、何らかの体験を通して生まれているからです。

過去のどのような体験や出来事を通して、「何を感じ、学んだのか？」、これを語ることで、人柄や価値観、「あなたがどんな人間なのか」を伝えることができます。

●まとめ：過去の体験やエピソードを発信することで、売り手の人柄や価値観に触れてもらう。

7　初対面前に見込み客がファンになるライティング

発信量を増やす

一般に、男性は「スペック・専門性の高さ」、女性は「人柄・共感できるかどうか」を重視する傾向にあります。お客様の多くが男性の場合は、「ニーズに応える、ニーズに関連する文章」を、女性の場合は、「人柄や価値観」を割合多く発信するように心がけましょう。

そして、さらなる「ファン化（魅了）」には、これらの発信量が重要です。ザイオンス効果（単純接触効果）があるからです。

「どのような内容が質が高いのか」も、起業初期は今1つピンときにくいことも多いので、まず発信量を増やしましょう。量質転化の法則（数をこなすことで質が高まる）で、結果的に質も向上します。

文章力を上達させるには

期間を決めて、その期間中に決めた量の記事を書くのがオススメです。可能であれば、1か月〜3か月間、休日以外は1日一記事を書きましょう。また、他人の文章を添削することも文章力アップに強く影響するので、効果的です。

これは、自転車の補助輪を外すイメージが近いのですが、自転車の練習は、ある程度短期間で一気に練習して、転んだり怪我をしたりしながら、乗れるようになった方が多いかと思います。月に1回など、たまにしか練習しないと感覚を忘れてしまい、結果として習得するのが遅くなってしまいますから、なるべく短期に集中して量をこなしましょう。

自転車同様に、一度マスターしたものは、それ以降は出し入れ可能な「スキル」になります。

●まとめ：さらなるファン化には、発信量を増やすことが重要。

第7章

一発屋で終わらない！
一生愛される起業家になるために

1　起業が軌道に乗るビジネスの流れとは

何から手をつけたらいいかわからなくなったとき

これまで、起業を軌道に乗せるためのノウハウを紹介してきましたが、ここで交通整理をしていきたいと思います。

起業すると、「これもやったほうがいい」「あれもしたほうがいいかも」と感じるものが次から次へと出てきますし、周りからもすすめられます。その結果、グネグネと回り道してはもったいないです。

実際には、起業して軌道に乗るまでの流れは、とてもシンプルです。「何から手をつけていいんだっけ」となったときには、このページを見直してください。

起業が軌道に乗るビジネスの流れ

起業が軌道に乗るビジネスの流れは、次のとおりです。

①　見込み客へのヒアリング

←

②　商品作成

←　③　セールス
←　④　集客
←　⑤　集客拡大
←　⑥　セールスバージョンアップ

ビジネスの起点

本書のおさらいになりますが、ビジネスの起点は、常にお客様ですから、①見込み客へのヒアリングは最初のステップになります。これをしないことには、商品もつくれませんし、商品がなくては売るものがありません。

まずは、お客様は、いったい何を悩んでいるのかを詳しく知るのがこの①のステップです。

そして、お客様のお悩みが解消されるように、②の商品・サービスをつくり、モニターまたは正規料金で見込み客に③の販売をします。

お客様から購入・契約してもらえる状態にある人が集客をすれば、集客人数に応じて売上が上がりますから、④の次に集客活動を広げます。

軌道に乗るまでは、まずは購入・契約してもらえるようにセールスを磨き、その次に集客（オフライン、オンライン）に着手する、ということです。

ここまでは、これまでの内容のおさらいになります。

さて、①～④の手順を何度か繰り返して、セールスや集客に慣れたら、ここからは⑤の集客量を拡大し、高い水準で売上を安定させられる段階に入ります。

広告を運用したり、これまでは自分でやっていた事務などを外注したりして、納品できる量を増やすことが可能になります。

最後に、また「⑥セールスバージョンアップ」となっているのは、集客量を拡大することにより、客層が変わり、セールスのハードルが一段階上がるからです。広告を経由してきた人などは、完全に初対面のお客様になりますから、再度セールスの見直しが必要になります。

起業して思うように成果が出ないとき

起業して思うように成果が出ないときは、①～⑥のどこに課題があるのかを見直しましょう。

もし、つまづいている課題が３か月～半年経っても変わらない場合は、課題の解消にできる限りの時間を使いましょう。

日常的な課題なら、他の業務と並行して解決する必要がありますが、３か月～半年以上課題が同じ場合は、他のことをやりながら解消できる課題ではない可能性があります。

起業家は、使える時間が限られているので、課題があるときほど「捨てる力」が必要です。

つまり、「やったほうがいいこと」を諦めることで時間をつくり、その時間を「やるべきこと（課題の解決）」に一点集中するということです。

●まとめ：①見込み客へのヒアリング→②商品作成→③セールス→④集客→⑤集客拡大→⑥セールスバージョンアップ。課題が解消されないときには、「やったほうがいいこと」を諦めて時間をつくる。

2　さらなる売上アップにはこの方程式を

売上を効率的につくる方程式

売上アップをする際に大切なのは、「客数×単価×利用頻度」の３つの指標です。それぞれ何人のお客さんが、いくらの商品を、どのくらいの頻度で購入するのかを意味しています。

①　客数
②　単価
③　利用頻度

これまで以上に売上を上げたいときは、この３つの数字を意識的に高めることが必須です。できれば、すべての数字を同時にアップさせられたら一気に売上も上がるのですが、これは現実的ではありません。

売上を効率的にアップする順番

手をつける順番を間違えると、売上が上がるまでに多くの時間と労力がかかってしまいますから、次の手順で着手する必要があるということを覚えておきましょう。

順番は、②→③→①です。

理由はいくつかありますが、まず客数と利用頻度は、大きく変えにくい数字だからです。

「新規のお客様が予約してくれるかどうか」や「一度利用したお客様がどんな頻度で利用するのか」は、お客様にしか決められません。

それに対して、単価は、売り手が「変える」と決めた瞬間に変えられます。

ビジネスには、「自分でコントロールできること」と「自分でコントロールできないこと」とがあり、集客や利用頻度は後者に含まれます。

ですから、まずは、「単価をいくらにするのか？」「単価を高められないか？」と単価アップを考えましょう。その次に、「利用頻度をアップできないか？」を考え、そして最後に、「集客人数をアップできないか？」を考えます。

客数は、この3つの数字の中で最も改善するのに時間がかかる数字です。

それに対して、利用頻度は、既に来店されているお客様にアプローチする分、反応をその場で感じながら改善することができます。

数字が改善されるのも早いため、単価の後は利用頻度、最後に客数の順で着手しましょう。３つの数字をアップする具体的な手順については、次頁でご紹介します。

●まとめ：売上を効率的にアップする順番は、単価アップ→利用頻度アップ→客数アップ。

3　お客様に嫌がられない単価アップの方法

単価を上げられるものなら、上げたい。そう感じている方が大半ではないでしょうか。

単価アップに際して、主な懸念事項は「単価を上げても売れるのだろうか」と、「単価が上がったことをどう知らせるのか」という2点が挙げられます。

単価を上げても売れるのか

結論としては、売れますが、安さ重視のお客様が多い場合は、客層が変わる可能性はあります。

値段を重視しているお客様は、単価を上げると離脱される恐れがあるので、その場合、既存のお客様の単価はそのままに、新規のお客様の単価からアップしましょう。

既存客は、時間をおいてから単価アップしても、そのまま据置きにしても、どちらを選んでも大丈夫です。

売上を支えてくれているのは既存客なので、既存客が離脱する可能性が高いと感じる場合は、据置きにしておくことをオススメします。

単価アップの告知方法

単価を上げる際、一番頭を悩ませるのは「どう伝えるか？」です。

お客様に嫌がられずに単価が上がったことを伝えるためには、「どうして単価が上がることになったのか？」というストーリーが大切です。

単価を上げることになった経緯や背景を、お客様に知ってもらいましょう。

例えば、「新しい△△の技術を導入し、○○が可能になった」「これまでは不可能だった△△が解決できるようになった」というような、「今までできなかったことが、パワーアップしてできるようになった」というストーリーです。

単価アップを伝える際は、極力「単価アップ」「単価が上がります」という表現は使わないようにしましょう。どんな理由があっても、お客様にとって心地いい響きの言葉・フレーズではないからです。

「価格改定」という言葉を使ったり、「○月△日からは、××が□□円（税込）になります」といったような書き方をすれば、「単価が上がる」という一文をいれなくても、同じ意味の文章がつくれます。

告知する際は、既存のお客様に、口頭で説明した上で、書面でもお渡しすると確実です。

●まとめ：単価アップのときは、ストーリーを語る。

4　理想的なサイクルで購入される利用頻度アップの方法

商品サービスの利用方法を伝える

単価はアップでき、契約もいただける、なのに売上の伸びは今1つ。そんなときは、利用頻度が遅くないかを確認しましょう。

起業する業界業種にかかわらず、お客様に理想的な「利用頻度」を伝える必要があります。時々、「それくらいお客様はわかるだろう」「困ったらまた来てくれるだろう」と言う方とお会いしますが、お客様はプロではないので、適切な頻度はわかりません。

そもそも、「どんな状態になったら困っている（問題がある）状態なのか」をご存じない方もいます。例えば、冷蔵庫が冷えていない、洗濯機が脱水しないといった状態なら、問題があることは一目瞭然ですが、このようにわかりやすい問題がなければ、問題があることに気づきにくいのです。

売り手は、それこそ四六時中「どうすれば売れるのか？」「商品の品質を上げるために何をしようか」などと、自分の商品・サービスのことを考えていますが、お客様はそんなことはありません。

ですから、お客様には、「商品・サービスの活用方法」を丁寧に伝える必要があります。

利用頻度の提案

具体的に、そのお客様の悩み・欲求や現状に合わせて、「○○さんは、このくらいの頻度でのご利用がオススメです」と提案しましょう。「こんなことまで言わなくても…」と思われたかも知れませんが、売り手が「こんなことまで？」と思うようなことほど、お客様は知りません。

売り手がそう思うということは、売り手にとって、あまりに「当然化されている情報」です。

売り手にとっての「当然」ほど、お客様にとって当然ではありませんから、利用頻度の話に限らず、「大丈夫だろう」「知っているだろう」と感じているものほど言語化してお伝えしましょう。

●まとめ：利用頻度は売り手から個別具体的に提案しなければ伝わらない。

5　安定した集客をするために

集客経路を増やしていく

集客とは、お客様に「買いたい」と感じていただくための一連の動作であると前述しましたが、これは作物が実るまでの工程とよく似ています。

作物は、１日で実ることはありません。

実るまでに、種まきや水やりといった工程が必ずあります。集客は、作物でいうところの「作物が実る前」の工程を丁寧にするほど簡単になるのです。

この傾向は、年々顕著になっています。

そして、起業初期は少ない集客経路で大丈夫ですが、少しずつ集客経路を増やしていく必要があるということを覚えておいてください。

例えば、接骨院を経営しており、チラシのみで集客しているとします。近所に同業者が起業し、その事業者も高いクォリティのチラシを配り始めると、お客様の取合いは避けられません。

このように、1つの集客経路のみに頼っていると、その経路での集客が何らかの理由で難しくなったとき、大きな打撃を受けます。

また、同じ見込み客に繰返しアプローチしていては、どこかで集客の効果は頭打ちになります。

前述のチラシの例でいうと、ある地域で５０００枚のチラシを配って、非常に反応がよかったからといって、毎月同じポストに同じチラシを入れたら、どうなるでしょうか。

遅かれ早かれ、どこかで効果が出なくなることは、想像に難しくありません。このことは、チラシに限った話ではありません。ブログやＳＮＳ、メルマガなどでも同様です。

ですから、安定した集客をするには、「アプローチできる見込み客」を増やし続ける必要があります。

１つの集客経路のみでは、増やせる数も少なく難しいので、複数の経路を持つことによって、安定的に見込み客数を増やすことが可能になります。

●まとめ：安定した集客には、複数の集客経路を持ち、アプローチする見込み客を増やし続けることが必要。

6　ロングセラーの鍵はターゲット、ポジションの見直しにある

ターゲットとポジションの違い

納品を繰り返して、お客様の事例が増えてきたら、このタイミングでターゲットとポジションを見直しましょう。

ターゲットとは、「あなたの商品・サービスの主な見込み客」のことです。

ターゲットを決めても、多様なお客様が来られることがほとんどですが、「誰でもどうぞ！」では誰にも響かない商品になってしまうので、主な見込み客を決めることをターゲティングと言います。

また、ポジションとは、このターゲット（見込み客）にとって、「同業他社の商品とあなたの商品・サービスの違い」を認識してもらうための「立ち位置」のことです。

例えば、マクドナルドとモスバーガーは同じようにハンバーガー屋ですが、それぞれ価格帯や提供するスピード、内装の雰囲気などは異なります。

「今月はとにかく節約しないと！」「時間がないけどハンバーガー食べたい！」という状況のときは低価格×スピーディーな提供のマクドナルドが、逆に「野菜は国産野菜に限る！」「時間がかかってもいいから、出来立てを食べたい！」というときは品質×注文後に都度調理するモスバーガーが

選ばれやすいということですね。

ポジションを変えることで、競合相手がいても、お客様の取合いを避けて共存することが可能になります。そして、お客様のニーズは刻々と移り変わり、競合の強さも変わりますから、それに応じて定期的にターゲットやポジションを見直すことが、息の長い起業の実現に不可欠です。

より相性のいいターゲットや売れるポジションをとる

起業初期は、不確定な要素が多く、ターゲットやポジションもおおよその仮説をもとに活動することになります。仮説は、お客様へのヒアリングなどをもとに立てていきますが、あくまで仮説なので、当然当たることもあれば外れることもあります。

それが、実践する量が増えていくことで、初めて「こんなお客様が相性がいい」「納品後、お客様が特に喜ぶのはこの商品のこの部分だ」といった事実が見えてきます。

中には、「あれ？　もっと売れると思ったけど全然売れない」という残念なケースもあるでしょうし、「思いがけない点が喜ばれて、お客様にリピートされている」という嬉しい誤算も出てくるはずです。

仮説をもとに動いてみて、その結果をもとにターゲットとポジションを見直すことで、より相性のいいターゲットや、売れるポジションがとれる可能性が高くなります。

ターゲットやポジションは、「一度決めたら完成！」というものではないので、常に「仮決め」

という気持ちで、半年〜1年に一度は見直しましょう。

通常、起業してから時間の経過とともに、リソースは増えていきます。顧客数や実績、強み、スキル、経験年数など、リソースが増えるほど、ライバルがとりたくてもとれない「良ポジション」がとれます。

ポジショニングは、陣取りゲームなので、より早くにポジションをとるのが定石です。1度ポジショニングに成功すれば、後から来た人はそのポジションをとりにくくなるからです。

ポジショニングを成功させる秘訣は、次項のブランディング力にあります。

●まとめ：ターゲット、ポジションは、常に仮決め。半年〜1年に一度はリソースの増加に合わせて見直す。

7　お客様から愛され続けるブランドを築くには

ブランドは重要か

ときどきセミナーでは、「ブランディングって必要ですか」「有名ブランドではない個人の起業で、ブランドイメージは大事なものなんでしょうか」といった質問をいただくことがありますが、個人や小さい企業ほど、ブランドは重要なものです。

例えば、友人と「どこかでご飯食べようか」という話になったとき、チェーン店に入るのはあまり躊躇しませんが、同じような価格帯でも個人経営のレストランに入るのは迷ってしまう、そんな経験はありませんか。

一般に、「有名なお店のほうが安心感がある」と感じている方は多いので、そんな中でも個人や小さい企業を選んでもらうには、ハードルがあります。このハードルを越えるには、見込み客によいブランドイメージを持っていただく地道な活動が必要です。

ブランディングの方法については、ヘアサロンを例にご紹介します。

例えば、来店したお客様から、次のような感想をいただいたとします。

Aさん「普段は、ヘアサロンって緊張してしまいます。美容師さんと話すのも苦手なんですが、このヘアサロンは気さくで話しやすく、内装も気取った感じもありません。またリピートしたいと思います」。

Bさん「日頃の疲れが飛ぶような、上質なひとときでした。最後にマッサージをしてくれるサロンは多いですが、〝カットのついで〟のようなものでなく、しっかり研修を受けたそうで、最高に気持ちよかったです。声がけのタイミングも抜群で、ラグジュアリーな非日常をたっぷり楽しめました」。

前者は「カジュアルなサロン」、後者は「上質感のあるサロン」という印象をいただいたのではと思います。

あまりに突拍子もないブランドイメージは別ですが、「カジュアルで気さくなヘアサロン」でも、

「リッチで上質なヘアサロン」でも、目指すブランドイメージに正解・不正解はありません。

ここで押えておきたいのは、お客様がお店を探すとき、大なり小なり「こんなお店に行きたいな」というイメージがあるということです。

それは、「こんな店に行ってみたい！」という憧れのようなイメージもあれば、「自分にはこういう店がしっくりくる。身の丈に合っている」というフィット感のようなイメージもあります。

このとき、ブランドイメージがきちんとお客様に浸透していると、そのブランドイメージが「自分にフィットしている」と感じたお客様が来店されるようになります。

つまり、ブランディングが成功すると、売り手側が集めたいお客様が集まるようになるのです。

イメージが知れわたっていることが前提

人は、イメージでものを買います。ですから、お客様の中にあなたのブランドイメージをしっかり根づかせることができれば、ブランディングは成功です。

ブランディングが上手くいくほど、「○○といえば、△△」という認識がされます。例えば、「時計といえばロレックス」、「香水といえばシャネル」というように、イメージが定着します。

ブランディングとは、ブランドイメージを浸透させる活動のことで、これをするほどその業界や商品・サービスにおけるあなたの立ち位置（ポジション）を見込み客に認識してもらうことができます。

一度「そのポジション」で定着したイメージは、なかなか覆りません。

イメージがつくと、見込み客が「何を買おうかな？」「どこに行こうかな？」と検討される度に、「あ、あのお店があったな」と選択肢の中に入る回数も増えていきます。

そして、検討される回数が多くなると、この回数に比例して、利用される可能性が高くなりますから、より早くに、見込み客の頭の中に「○○といえば、△△」というブランドイメージをつくることで、集客の難易度はぐんと低くなるのです。

お客様の中にブランドイメージを根づかせるには、一貫性と反復をすることです。

ネガティブなブランドイメージが浸透するのは一瞬ですが、お客様から愛され続けるブランドに成長するには、日々の非常に地味な活動が求められます。

例えば、日常的にＳＮＳやブログなどで繰り返し発信すること。また、ブログやチラシ、ＨＰに書いてある内容や、日々話している内容に一貫性を持たせるということもこれに含まれます。

●まとめ：愛され続けるブランド構築には、一貫性のある発信を反復すること。

8　幸せな成功軸とは

ビジネス的成功と充足感・幸福感

ビジネスは、お客様から求められないことには、始まりません。自分がどれだけ、「何て素晴らしい商品なんだ！」と思っても、それを必要とする人がいないとビジネスになりません。

ビジネス的成功には、お客様のニーズを丁寧に満たしていくことが不可欠です。

しかし、ニーズを満たすことばかりに意識を向けていると、ビジネス的な成功は手に入れられても、充足感や幸福感が手に入れられるかは、また別の問題だとつくづく感じます。

これまで、社長1人で年商億越えしている経営者や、社員を何十人と抱えて自社ビルを持っている経営者など、様々な経営者にお会いしましたが、中には鬱に悩んでいたり、家庭が崩壊していたりする人も少なくなく、ビジネス的成功と充足感、幸福感は別物なのだと痛感します。

経験上、起業して一度もがむしゃらにならずして軌道に乗ることはまずないので、お客様のニーズにフォーカスすることは、起業において必要なことです。

しかし、ずっとそこだけにフォーカスしていると、ビジネス以外の部分にしわ寄せが及びます。

これまで、ビジネス的な成功と充足感・幸福感に満ちている経営者にもお会いしましたが、彼らと、ビジネス的な成功に偏っている経営者には、ある点が決定的に違いました。

ビジネス的な成功に偏っている経営者ほど、自分から遠い存在、つまり家族や親友、会社を支えてくれている社員、創業時からお付合いのある取引先など、本来大事なものほどあまり目を向けず、新規のお客様や交流会で会った初対面の人など、遠い存在のものほど優先しているのです。

一方で、ビジネス的成功と充足感・幸福感にあふれた経営者ほど、この順番が逆でした。

これは、日常的な時間の使い方や、使っている時間の割合の話ではありません。社会人において、

【図表 16　幸せな成功軸とは】

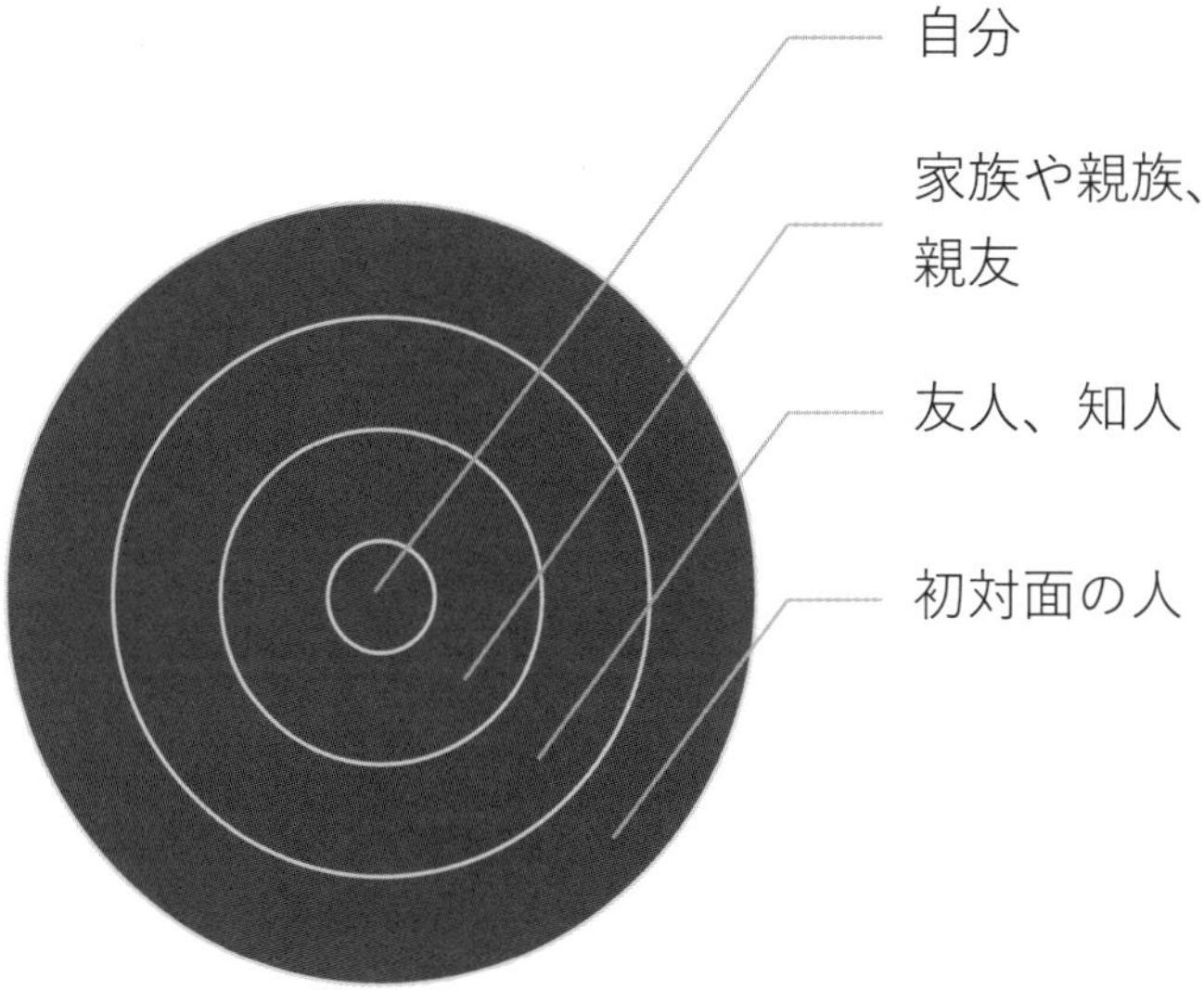

ビジネス的な成功と充足感・幸福感にあふれた経営者ほど、円の中心から大事にしている。

人生の中で最も多くの時間を使っているのは仕事という人が大半のはずです。だからといって、時間を長く使っているから、「家族より仕事が大事」かというと、それは個人差があります。

この優先順位とは、使っている時間の長さではなく、心の優先順位が何から順に大事にしているのかということを意味しています。

こうして文字にすると、遠い存在から順に大事にするほど、充足や幸福が遠のくのは当然なのかも知れません。身近な人と過ごす時間を大事にせずに、幸福感や充足感を感じるというのは、なかなか矛盾するように感じるからです。

前述しましたが、起業初期は、がむしゃらにやることも必要ですから、不定期にでも「今の心の優先順位はどうなっているのか」を見つめてみてください。

時々、「せっかく成功したのに自分も家庭もボロボロ」という起業家を見かけることがありますが、ほとんどの方はそのことを悔いていました。早い段階で気づいていたら、きっと防げたはずです。

●まとめ：ビジネス的成功と充足感・幸福感にあふれた経営者ほど、心の優先順位は円の真ん中にある。

9　持続可能な起業家マインド

過去を手放す

これまで、様々な観点から「どのようにして起業を軌道に乗せるのか」を書いてきましたが、いざ軌道に乗ってから、お客様から愛され続ける、持続可能な起業をするために大切なことを紹介したいと思います。

それは、過去に上手くいったものを手放すということです。

本書は、リソースの少ない起業では、短所の改善ではなく長所を伸ばすという「長所進展法」をベースに書いています。実際に、そのほうが成功の近道だからです。

同時に、過去に上手くいったことや長所を更に伸ばすだけでは、いずれ成長は頭打ちになります。

過去をベースにして未来のプランを組み立てることは、堅実な成長・成功に繋がりますが、それはあくまで「過去をベースにしたもの」です。

つまり、安全な分、大きな変化も生まれません。

持続可能な起業をするには、短期的には「過去に上手くいったこと」に集中し、堅実に経営すること、長期的には、今まで集中してきた「過去」を手放して、これまでと全く異なる発想で行動を組み立てていくこと、その両方が必要です。

過去をベースにしないということは、当然リスクもありますし、失敗もするはずです。

大切なのは、失敗しないことではなく、成功するまで続けることです。選択したことを成功に変えるまでチャレンジすることが、持続可能な起業のために一番必要なものなのです。

●まとめ：過去に上手くいったことを手放し、これまでと異なる発想で行動を組み立てる。

あとがき

本書を書くにあたり、起業当時から現在に至るまでの変遷を思い返しました。

先輩経営者の方に言われた「もって1年」という言葉は、当時はただただ悔しいばかりでしたが、この体験があったからこそ、「絶対に続けてみせる！」という強烈なモチベーションが生まれ、起業初期を乗り越えられたのだと痛感しています。

そして、起業10年目を控え、今はこの言葉の重みを肌で感じています。

起業当時に知り合った起業家仲間は、全員が起業のステージを降りており、今は連絡もとれない状況です。そのことを思うと、私は本当に運がよかったのだと感じざるを得ません。

私自身のビジネスは、起業初期を難なく突破したとは決して言い難く、当時をよく知る経営者からは、「あのときよく潰れなかったよね」と言われます。

起業のことも、ビジネスのことも、すべて0からのスタートで、手探りでもがくばかりでした。

自分自身が、あちこちで頭を打ってきた分、起業初期に何を知っておいたら必要以上の遠回りをしないですむのかよく知っています。

様々な経営者のもとを回り、試行錯誤の末に行き着いたのが、本書のノウハウです。

起業は、試行錯誤の連続で、終わりがありません。起業前や、起業初期、起業して数年経ってからなど、ステージごとに様々な壁が出てくるものと思います。

ご自身のビジネスで行き詰まることがあったら、ぜひ本書をまた開いてみてください。きっと、解決のヒントになる何かが見つかるはずです。

ここで、日頃からお世話になっている株式会社アルティエーレ代表取締役石井護先生に感謝を伝えさせていただきます。起業当時、起業のこと、ビジネスのことを何も知らなかった私を育ててくださり、いくら感謝をしてもし足りません。石井社長との出会いがなければ、今の私はありませんでした。

クライアントの皆様には、いつも私のほうが教わることばかりで、大変恐縮です。皆様の事業への熱意や、よりよい商品を目指し、額に汗して悩み抜く姿を見る度に、皆様をサポートさせていただける喜びで胸が一杯になります。本当にありがとうございます。

本書を執筆するにあたり、非常に多くの方がお力添えと応援をしてくださり、名前どおり人に恵まれた人生だと痛感しております。特に、イラスト・図表の作成でご協力いただいた篠崎さん、出版に際してご教示くださった中村先生、お知恵を貸してくださった須原さんに、心より御礼申し上げます。

そして、いつも仕事で慌ただしい私を支えてくれる家族に、心からの感謝を。

その他、数え切れないほどの方々にサポートをいただき、本書を書き上げることができました。支援をしていただいたすべての皆様、そして、本書を手にとってくださったあなたに、厚くお礼申し上げます。

本当に、ありがとうございました。

川越　恵

著者略歴

川越　恵（かわごえ　めぐみ）

株式会社スライヴケア　ロングセラー起業塾代表。

持続可能な起業コンサルタント。

内定先の倒産をきっかけに、ビジネス経験ゼロ・実績・人脈・資金なしの普通の学生から起業し、トライ&エラーを繰り返し手探りで経営を学ぶ。独自のビジネス手法で事業を拡大し2012年法人化。

現在、3事業を手がける。

起業初心者に「一生使える起業・経営術」を教える。「わかるではなく身につく」をモットーにした、トレーニング重視のコンサルティングが好評を博している。

延べコンサルティング回数は30,699回を超え、塾生の91％が安定経営を実現。

受講後１年〜２年が経過した後も、月間売上100万円を連続達成するなど、長く活躍する受講生が続出している。

株式会社スライヴケア　http://thrivecare-seminar.com/blog/

口コミ集客で「一生愛される起業家」になる方法

2018年11月15日 初版発行　　2023年9月27日 第3刷発行

著　者　川越　恵　© Megumi Kawagoe
発行人　森　忠順
発行所　株式会社 セルバ出版
〒113-0034
東京都文京区湯島1丁目12番6号 高関ビル5B
☎ 03（5812）1178　FAX 03（5812）1188
http://www.seluba.co.jp/
発　売　株式会社 創英社／三省堂書店
〒101-0051
東京都千代田区神田神保町1丁目1番地
☎ 03（3291）2295　FAX 03（3292）7687

印刷・製本　株式会社 丸井工文社

Printed in JAPAN
ISBN 978-4-86367-458-5